Et je me suis mise à table

DU MÊME AUTEUR
AUX ÉDITIONS DENOËL

L'ennemi est à l'intérieur, Denoël, 2002

Helena Noguerra

Et je me suis mise à table

ROMAN

DENOËL

www.denoel.fr

Derrière les portes muettes, des rires aigus fusent. Des gémissements traînent comme une bave indélébile qui ne me lâchera plus. Les hommes me prennent sous les bras et me guident à travers les corridors de cette demeure aux murs salis par le temps, aux portes aphones, aveugles, alignées, avec leur ouverture à hauteur d'homme. Cette galerie infinie aux murs décrépis m'impressionne. Je suis nouvelle ici. Toute neuve dans cet espace qui a ses règles, ses frontières, son temps. J'ai peur. De ces portes, percées en leur centre pour épier les fous, ces proies qui s'ennuient et laissent le temps dégouliner sur leurs têtes, leurs vies s'émietter entre quatre murs. Je les entends parler aux murs. J'ai peur aussi de ces hommes, de cette femme. J'invente le responsable de l'agencement des lieux, l'architecte, et je lui donne un sexe. J'entends des milliers de petits bruits inconnus. Ils ne me lâchent pas, je ne les identifie pas. Je marche, ils sont toujours là. Pourtant, à force, je reconnais le bavardage des insectes cachés derrière ces portes opaques, le crépitement de cette multitude d'enfants de cafards qui se bousculent, se chevauchent, frottant leurs pattes sur les lames du parquet des geôles, grattant et lorgnant ces portes sans plus savoir pourquoi.

Je suis chez les fous. Je le sais.

Elle dit, Votre porte.

Elle c'est la femme mercenaire, celle qui porte le trousseau de clés. Celle qui m'accueille en ce lieu. Toute rigide avec ses airs, sa blouse blanche et ses clap-clap heurtant ses talons quand elle marche. Et cet œil noir qu'elle me jette, comme si.

J'ai envie de lui sourire mais je sens qu'il ne faut pas, qu'elle ne veut pas.

Elle dit, Votre porte, et me la montre du menton. Ma porte.

Le petit groupe dont je fais partie s'arrête devant. La 318.

Vous vous trompez, messieurs-dames, c'était simplement un acte d'amour ! Je veux retourner à la maison d'arrêt, avec les colocataires. Gardez mes bras dans vos mains, messieurs, gardez-moi encore. Vous, madame, dites quelque chose au lieu de regarder comme si tout ça n'était rien. Je ne veux pas de cette chambre.

Ma pièce.

Définitive.

Immuable.

MA chambre.

Ils ne m'entendent pas. Je m'agrippe à eux, je ne veux pas rester, pas seule, pas tout de suite. Ils jettent mon corps au centre de la pièce, se précipitent vers l'extérieur et referment la porte brutalement. Derrière eux. Devant moi.

Et moi ?

Je regarde la porte, muette. Muette. C'est moi, moi qui le suis. Et ce bruit, ce bruit de clé, ce bruit qui sonne comme un abandon. Bruit définitif qui tourne dans la serrure comme si elle fouillait mes chairs. Comme un couteau, comme Théophile se délectant de son avancée dans le gras de mon ventre.

Mon ventre. Justement. Je le caresse pour toucher la génitrice.

Et je ris de cette cachette ingénieuse, de ces flics qui ne trouvent pas. Ne retrouvent pas son corps. À travers ma peau je le caresse. Je lui dis les mots consolateurs : « Enfermées et coupées du monde à jamais. Du monde seulement. Toi et moi. Nous voilà enfin seules. Deux. »

Mais quand même, je ris à cause du bruit, qui résonne dans l'aile numéro cinq, celle où l'on m'enferme.

On enferme Léda.

Debout dans MA chambre je compte les jours depuis l'arrestation. Les jours dans l'autre maison, la carcérale, et maintenant celle-ci. Les jours devant les hommes de loi, ceux passés avec les autres dames, celles de la cellule commune, et maintenant ces gens, habillés de blanc qui me poussent, ces femmes avec leurs têtes traquées et qui en plus sourient pour me faire croire. Comment ai-je pu me laisser prendre avant la fin du festin, la fin de ma fête ?

Ma colère monte à mesure que les jours passent et qu'ils me séparent des miens. J'enrage d'être ici. Non, non, je ne veux pas, je n'aime pas !

Et cette mère, à l'intérieur, comment faire pour l'y garder encore ? Ma présence ici ne peut se prolonger, sans quoi.

Je ne crie plus, non, non.

Je visite cette demeure avec les souvenirs de mon arrivée. La traversée des couloirs et des ailes numérotées, un, deux, trois, quatre, cinq. Cinq, c'est la mienne. L'aile numéro cinq. C'est joli ça. Et les numéros sur les portes. 318. Ma porte. Chez moi. C'est l'aile numéro cinq, la cellule 318 qui, désormais, abritera mes journées. Toutes.

Je sais que le temps s'y allongera indéfiniment et qu'il ne faut pas, que ses limites sont dessinées par les murs, les grillages et les barreaux, empêchant toute sortie. Laquelle sera définitive.

Je sortirai morte puisque je suis folle, comme ils disent. Ils ne me laisseront plus. Pas de remise de peine. Aucun espoir ici.

Ici.

Plus rien. Le temps n'est plus.

Vingt-trois ans.

Article 64.

A commis des actes criminels en n'étant pas en possession de tous ses moyens. Ils se trompent. Je sais très bien ce que j'ai fait. Juste. J'ai été juste.

Je ris de cette chambre où ils veulent m'enfermer pour toujours, de ce lit minuscule, trop étroit pour moi. Trop mince pour mes deux cent soixante livres. Je préfère dire livres et en posséder deux cents plutôt que dire kilos et n'en avoir que cent trente. Parce que dans les livres il y a des contes.

Ce lit. Et cette pièce comme un placard avec vue sur le jardin. Délimitée, la vue, par ce grillage en forme de losanges. Et cette porte avec son ouverture. Cette petite porte dans la porte, ouverture dans l'ouverture, qui ne s'ouvre que de l'extérieur afin que les surveillants y glissent leur regard. Scrutent mon quotidien, mes gestes, mes déplacements, ma santé. Ici, dans MA chambre. Pour toujours.

Sens unique.

Une fois enfermée je ne pourrai utiliser l'ouverture de la porte pour regarder dans le couloir, non, non, je ne pourrai plus sortir de l'établissement, non, non. De la chambre, oui. Pour la toilette, la promenade, les séances chez le psychiatre, le tribunal, l'avocat, mais juste prendre l'air, en dehors des limites, jamais. Non, non. Plus.

Faire une visite amicale avec des mots croisés, échangés et superposés, des mots qui comblent des solitudes, jamais. Non, non. Plus d'amis, non, non, plus de magasins, plus d'hésitation entre un pain de campagne ou un pain complet.

Plus d'envie inassouvie devant une paire de chaussures, un manteau, une jupe, un parfum, plus de maison et de papier peint, plus de voyages, plus que MA chambre. MA chambre. Mon horizon. Mes infirmières. Mon psy. Ma blouse. MA chambre. Ma toilette. MA chambre. Mon repas. Ma promenade. MA chambre.

Je ne pourrai plus jamais ouvrir cette porte ni aucune autre. Ce geste si quotidien je l'oublie exprès. Dès maintenant. Ne plus y penser.

Jamais.

Jamais plus mes mains ne tourneront une poignée de porte, il y aura toujours quelqu'un ici pour me devancer.

Le seul paysage possible sera ce carré de nature accroché à la fenêtre, ce tableau immobile qui ressemble aux toiles vues au musée. Celle-ci est déguisée en vue d'hôpital, avec grillage au premier plan.

Je ne compte plus que sur les saisons pour le changement de décor.

Et ce petit miroir trop étroit posé trop bas, posé là pour des, des, des, comment dire ? Des comme moi. Enfermés ici, mais plus petits, plus minces.

Et moi ? Ils disent criminelle, patiente ou malade.

Justicière, messieurs les Docteurs, justicière !

Il y a peu de choses autour de moi. À part le lit, cette chose. Ce trou à déféquer. Ce trou noir ouvert sur le monde. Le chaos. Ce trou sans couvercle qui rejette les odeurs nauséabondes du dehors. Les effluves des gens normaux, ceux qui font du bien et qui, eux, sont dehors. Ici on range les fous. Les dangereux. Ceux qui font du mal à autrui. Je remets à plus tard le dialogue avec les êtres libres, les hommes et les femmes qui envoient leurs odeurs jusque dans MA chambre, les hommes et les femmes en putréfaction, celle-là même qu'ils camouflent sous leurs parfums chers et leurs savons colorés. Je dois d'abord préparer le discours, celui à envoyer par le trou noir qui me relie à l'extérieur, à ceux qui font le bien. Pas ma mère, non, non, pas elle. Elle non, je la garde. C'est ça. Un discours pour leur dire, oui, c'est ça.

Ils vont me laisser là. Dans MA chambre avec ses ouvertures. La fenêtre grillagée qui coupe le jardin en petites parts de cake et celle du trou noir à déféquer avec tous ses habitants. J'ai peur. Ne me laissez pas seule. Pas encore. Pas tout de suite. Ne m'abandonnez pas. Je n'ai pas de repères, il n'y a pas les posters que j'aime, pas de photos de famille. Je n'aime pas la couleur des murs. Je n'aime pas la peinture qui s'écaille. Elle me terrorise. Non, non, ne partez pas. Pas encore. Ne lâchez pas mes bras. Continuez votre pression infernale sur mes bras, ne les lâchez pas. Je n'ai aucune force, je vais tomber. La chute, mon Dieu, la chute ! Non, non, pas encore. Je ne suis pas prête. Je ne savais pas. Ce n'est pas ici que je dois être, c'est au paradis. Avec eux.

Le lit est dur et je reste assise pour empêcher la douleur de revenir, pour ne pas crier parce que je n'aime pas leurs traitements, je les connais.

Alors, il me faut appliquer la recette et arracher de petites mèches de cheveux derrière la tête, les rouler en boule et les poser délicatement en deux rangées symétriques sur le lino. Il faut compter les boules, les soustraire, les multiplier par le nombre d'années.

Changer de tactique et enfoncer les ongles dans la chair. Former des cercles concentriques avec les ongles prédateurs. Les yeux rougis mais silencieuse, molester le corps, le faire souffrir pour oublier l'autre. L'autre douleur, celle qui fait crier, qui fait perdre la tête, qui fait qu'ils me punissent.

Rien n'y fait. Plus forte, elle est.

Les sanglots viennent dans le nez et je ne suis plus capable d'empêcher les notes de cogner contre les parois nasales. Mon corps se balance d'avant en arrière, attendant du mouvement un quelconque apaisement. De plus en plus vite. De plus en plus fort. Je crie. Libère les sons enfermés.

Rouler sur le sol. Ne plus faire un bruit et rester immobile dans cette chambre.

MA chambre.

J'ai dormi. Me réveiller dans MA chambre me met de méchante humeur. À travers l'ouverture de la porte, la dame, celle de mon arrivée, la mercenaire, me regarde sans ciller. Elle a peur de rentrer. Je sais pas, moi, si on buvait un thé ? Mais elle n'écoute pas. Ça ne l'intéresse pas. Elle ferme le clapet et s'en va en traînant les savates. Pour qui elle se prend !

Les heures défilent sur le mur d'en face. Je peux compter les minutes rien qu'en regardant le mouvement des ombres. Au moins 300 minutes entre le visage de la dame dans l'encadrement et l'entrée, dans MA chambre, de l'autre dame en blouse blanche et cheveux noirs. Elle sourit, du moins elle essaye. Ça sonne faux mais je lui suis reconnaissante. C'est gentil de sa part. Elle ne se présente pas. Elle ne dit rien, d'ailleurs. Elle pourrait dire bonjour mais bon, son sourire était une sorte de salutation alors je pardonne. Je la regarde comme on regarde les papillons, parce que je sais que son passage sera éphémère alors j'essaye d'en profiter un maximum. Je détaille ses mouvements, respire son odeur métallique et cherche son nom. Il est sur sa blouse, Ava.

Elle range mes petites affaires sur la commode, elle entre et sort. MA chambre, le couloir, MA chambre, le couloir, MA chambre. Elle a laissé un chariot rempli de choses médicales. Elle revient et me tend la main. Je prends ce qu'il y a dedans et elle dit Il faut prendre vos cachets, tenez, un verre d'eau. Sa voix n'est rien mais c'en est une, alors je dis Pourquoi pas qu'elle serait jolie ?

Je fais ce qu'elle me dit.

Elle s'assoit sur mon lit et m'explique. Moi je dis merci avec mon demi-sourire que je connais par cœur et qui rassure les gens. C'est pour de vrai. Je lui souris vraiment. Ça faisait longtemps que quelqu'un n'avait pris son temps pour s'asseoir à mes côtés et parler entre nous. Sans menottes.

Elle explique la vie d'ici et je comprends que je vais m'ennuyer et que ce sera difficile d'aller au bout de mes projets. Mon plan.

Les jours passent, 3, je ne fais rien qu'attendre. Attendre le psy, attendre Mlle Ava, l'infirmière aux cheveux noirs et gras, attendre la nourriture, attendre les pilules, attendre la douche, attendre les soirées au « Lounge ». Mais c'est surtout Mlle Ava que j'attends. Elle est en charge de moi. De moi. India-Léda. Mais elle dit Léda et elle oublie India.

J'ai déjà commencé à lui parler, lui expliquer ; elle dit Ce n'est pas mon affaire ; mais comme ce sont les miennes je dis que moi, je partage, madame. Alors elle dit, Non, non, « Mademoiselle », si vous voulez bien. Comme je veux bien je dis Mademoiselle, et aussi que, moi, je suis d'accord pour partager les miennes, d'affaires. Alors elle dit « bon, bon » et fait semblant de m'écouter tandis qu'elle me lave. Non, elle ne me lave pas, elle me surveille, c'est moi.

Je parle fort et j'aime bien parce que ça résonne et que je peux tout lui dire, parce qu'elle est derrière le mur de carrelage blanc, et que je ne la vois pas, qu'elle ne ressemble pas du tout à ma Maman, alors je lui dis qu'il faut qu'elle m'appelle India-

Léda. Parce que j'ai deux noms : mon nom de baptême, Léda, c'est aussi celui de celle que Théophile a prise, et l'autre, India, India que personne n'a eue. Parce qu'elle est imprenable. Impénétrable. Parce qu'elle n'est pas, qu'elle ne ressent pas.

Mlle Ava elle ne dit rien, parfois « hum-hum », mais je sens qu'elle va bientôt craquer parce que, quand elle me voit nue après la douche, ses yeux sont pleins de tendresse. Elle détaille mes chairs qu'elle dit « généreuses » avec compassion et je sens qu'elle veut me raconter ses secrets.

Mlle Ava vient tous les jours sauf un, mais je ne sais pas encore lequel.

Ses yeux sont si grands, si voraces, qu'ils lui ont mangé le visage. Sa bouche s'est cachée sous son menton et quand elle prononce des mots, ce qui est rare, ce sont des mots médicaux mais ce sont ses mains qui expliquent.

Mlle Ava distribue aussi les pilules roses et blanches qui font du bien aux douleurs psychiques. Elle apporte aussi le plateau-repas quelquefois.

C'est elle qui me conduira chez le psy et aussi elle qui me ramènera dans MA chambre. Définitive.

C'est elle tout ça. Sauf quand elle a des jours off.

Off, off, moi j'aime bien le son mais pas l'effet parce que déjà après ces quelques jours passés dans cette aile, la numéro cinq, je l'aime bien Mlle Ava.

Finalement, la voix de Mlle Ava est douce comme une chanson. Je trouve. Ses cils promettent de jolis baisers de papillons et ses mains, aux ongles carrés, ont l'air bien organisées.

Dans ses yeux, il y a de la sévérité quand elle dit qu'il faut aller à la selle mais de la douceur quand je pleure et que je lui dis que Non, c'est impossible. Elle s'irrite aussi parce que je ne veux pas aller à la promenade à cause de ma mère qui se repose en moi. Elle dit qu'elle ne veut plus entendre d'inepties pareilles. Je crois qu'elle ne me croit pas.

Personne.

Quand elle quitte MA chambre, mes yeux me quittent. Tandis qu'ils rejoignent la fenêtre, je reste sur mon lit, les orbites creuses, et je me repose. Tels des hyménoptères, mes yeux cognent les barreaux avant de s'y fixer. En équilibre sur le grillage ils regardent le paysage immobile.

Les arbres du prieuré, enfermés dans ce carré bariolé, prennent parfois des airs de princesses fragiles lorsque les caresse le soleil. Le reste du temps ils ne ressemblent à rien d'autre qu'à des arbres de cour de prieuré. Même les oiseaux ont l'air de le penser. Je vois bien qu'ils voudraient un peu d'action mais rien ne se passe, ni ici ni alentour. Tous les jours se ressemblent sauf pour les arbres qui joueront avec les saisons. Comment devinent-ils les habits de circonstance ? Les feuilles, les branches nues, les bourgeons, la neige, tout ça. Avec qui tiennent-ils dialogue ? Puis-je y participer et changer d'habit selon les saisons ?

Parfois un écureuil se tient là. Sur les branches de Robert. Robert, c'est le grand avec son tronc blanc, qui touche le trapu qui a baissé les bras et que je nomme Gédéon. Comme le canard. Mais, de mon lit, je ne vois pas leurs pieds. La fenêtre ne le permet pas. Je vois leurs bras tendus vers le ciel de guimauve.

Parfois je m'imagine qu'une infirmière bien intentionnée anime les images derrière cette vitre afin de me distraire de ces heures qui coulent comme du bitume sur les jours enfermés.

Le long couloir résonne de ses bruits habituels : les chariots et les pas pressés des employés qui, eux, n'attendent rien de derrière les portes, rien de nous. Non, c'est nous. J'entends les voix des autres patients qui crient, qui rient, mais je ne veux pas, alors je mets un disque sur la platine de mon cerveau et j'écoute les chansons qui consolent.

Il ne faut pas rendre, non, il ne faut pas. Garder bien au chaud la génitrice. Ne plus bouger, ne plus ouvrir les yeux sur le carré d'air.

J'attends depuis des jours l'entretien avec le psy, alors j'apprivoise ce quotidien immuable, ces journées à l'identique comme un rêve à répétition. Le corps médical manque d'imagination. Je n'ai rien d'autre à faire que de me réjouir de la présence de Mlle Ava malgré son visage froid aux yeux déconfits. Je peux aussi me manger les ongles jusqu'au sang à défaut de cigarettes ou fermer les yeux et fumer mon pouce en inhalant profondément la fumée bleue qui imprègne les poumons avant de ressortir par les narines, ou encore pester contre leurs bonnes intentions et cette interdiction de fumer, vouée à me maintenir en bonne santé. Le corps médical s'échine à me garder en bonne santé. Il veut même me soigner. Pour ça il y a le médecin. Pour le psychique. Celui qui va décortiquer mes émotions, celui qui va comprendre mes fonctionnements et qui, comme un démineur, va désamorcer, et me guérir de mes névroses, psychoses et tutti quanti.

Je lui raconterai tout en italien. Pour voir sa tête. Ou dans cette langue inventée et connue de moi seule. Docteur Ilan.

« Bel Ilan », comme le nomme Mme Posson, la vieille qui fait des patiences à longueur d'après-midi dans le « Lounge ». Tu verras, dit-elle.

Et moi je dis beurk. Beurk ! Le « Lounge » ! Beurk ! La musique douce qui adoucit les mœurs. Beurk ! la télévision. Idem la nourriture, la salle d'eau, l'hygiène, les autres dingues, le beau docteur. Tout. Je veux ma maison. Ma corde.

Engourdie par le sommeil, ma mémoire tente un survol des événements. Je ne me lèverai pas aujourd'hui. Non, non, je veux replon… dans… où maman embrasse… où les petites cuillers arrivent pleines dans… sans qu'… besoin de… moindre effort. Théophile… son rire. Ça m'énerve !!! Je trouve pas les mots qui forment ma pensée parce que mon cerveau bâille.

Pourtant j'entends le rire exaspérant de Théophile à la noix. Je me souviens du verbe *rire* pendant que j'oublie le reste.

Rire, je répète le mot *rire* sans en connaître la source. Je cherche le fil de ma pensée et le perds, le sens des mots je ne le trouve plus, devenu fragile à cause du traitement médical.

Je me rappelle : Théophile et ses gestes, mais je ne vois plus son visage. Et si je remplace les êtres par les mots ? Mais ça non plus je ne le peux pas, je n'en ai plus, je ne les trouve plus. Ils ont endormi mes sens, alors je cherche, je fouille dans la mémoire ralentie par les pilules roses offertes par les dames en blanc. Je ne me souviens plus des êtres parce que le langage s'échappe. Je perds ma mémoire et ils trouvent ça bien. Ils disent que ça va me soigner. Mais non, non, non, je ne veux pas être soignée de ça ; ils sont à moi, ces moments passés, ils sont à moi !

J'étire mon corps sous les draps blanc et je touche la chair de mon ventre pour caresser ma mère engloutie sous les organes. Je dis Bonjour maman et j'effleure le remords. À cause du manque. Pour rien d'autre.

La nostalgie me surprend alors que les aiguilles indiquent huit heures moins dix. Devant la jeune fille en uniforme bleu pâle qui vient reprendre le plateau-repas, je me sens soudain orpheline.

Je regarde le paysage encadré de jaune sur le mur de droite en digérant le repas, offrande à la mère morte.

J'attends la visite du géniteur mais il ne viendra pas. De peur de revoir l'enfant transformé en tombeau, qu'il a dit, on me l'a dit. Je m'en fous.

Mes yeux se faufilent à travers les barreaux et, dans le ciel, aperçoivent le vol de ses lunettes : Posez-vous sur l'appui de fenêtre. Je pourrais parler mais je n'y arrive pas. Je ne sais même plus qui tu es. Je cherche des phrases pour te définir mais sans elles je n'ai plus rien. Rien à moi. Sans les mots pas de possibilités. Alors je ne te dis rien.

Je n'en peux plus des médicaments, je ne veux plus les avaler, ils ralentissent ma mémoire, ils éliminent, me lavent de tout. Plus de vocabulaire. Sans lui, plus de souvenirs, plus d'images, de passé. Plus de sentiments. Que cette douleur sourde. Plus d'histoire. Mon histoire, effacée par les pilules.

Éliminée. Pour ne plus souffrir, disent-ils. C'est pour ça qu'ils m'endorment, pour que je ne pense plus.

Je hais les médicaments. Je les crache à leur face de corps médical qui s'ingénie à vouloir éliminer mes pensées. Leur dire haut et fort qu'ils me volent tout avec leurs saloperies chimiques et que sans eux.

Je crache sur leurs sourires sarcastiques et voilà qu'ils m'habillent d'une chemise aux manches trop longues qui m'immobilise. Ils volent tout ! Tout ! Tout ! Anéantie, sans autonomie, je pleure en appelant maman qui répond en gargouillant.

Quelque chose tourne, tourne, tout autour de mon cœur. Qui l'enferme, le secoue et le pince. Qui me donne la nausée et transforme mon visage en champignon, c'est Mlle Ava qui le dit quand ça arrive et ça arrive souvent, ça, que mon cœur me joue des tours. Je le sens qui remonte à ma bouche. Mes bras s'allongent et effleurent le sol. Mous, tout de chewing-gum, ils ondulent sur des rythmes langoureux tandis que mes mains, paumes vers le ciel, restent béates. Mes doigts engelés par le froid qui tombe sur ma poitrine ne se recroquevillent pas et mes jambes ne supportent plus le poids de ce corps engourdi par le cœur qui se rebique. On le pique et c'est toi, Man, quand tu dis que je suis chiante. C'est quand tu dis des mots qui blessent que ça fait mal. Tes dents frôlent les méchants mots, qui s'écorchent au passage, se déchirent à tes canines et griffent mes entrailles en arrivant à mon cœur. Les pointes dessinées par tes dents ouvrent les chairs, et maintenant que tout dégouline je ne sais plus où me cacher. Plus de bras où enfouir ma tête imbécile, pas d'épaule pour recueillir les larmes, alors je m'installe à cette table qui a déjà absorbé les eaux précédentes, celles qui sortent des yeux, sans qu'on les commande, sans qu'on les invite. Elles prennent leurs appartements et glissent sur le bois qui suce le liquide.

Je regarde l'eau se répandre sur la table que je caresse. Je suis bien dans MA chambre.

Celle de notre maison a des
papillons verts sur les murs,
en arceaux boudinés.
Le décor ne me plaît pas mais
on le changera quand il y aura assez
d'argent, dit *Papamaman*.
Alors je choisirai un papier peint
avec des ballons de toutes
les couleurs et de la peinture rose
pour écraser les papillons verts.
Et je mettrais une montgolfière
pour cacher l'ampoule qui
se balance et m'éblouit quand
je suis dans mon lit.
Et puis aussi je voudrais
des rideaux rouges, non, roses aussi,
comme la peinture.
Alors le parfum du jardin pourra
pénétrer dans la *chambre-aux-papillons*

qui sera devenue la *chambre-aux-ballons.*
Les odeurs de raisin
de la petite vigne qui drague mon balcon
caresseront les rideaux roses.
Et aussi je voudrais, parce qu'on dit pas
je veux, hein, on dit je voudrais,
alors je voudrais un verrou,
un beau gros verrou tout brillant,
en or, pour m'enfermer
dans ma nouvelle chambre,
pour rester seule dans mon lit,
sans Théophile qui peut pas dormir
dans le sien. Je resterai toute seule
les nuits, avec la musique
qui tourne sur le mange-disque
rouge en plastique.
Et je danserai des danses.

Le docteur a les yeux bleus et la bouche rose. Il ressemble à une fille. Il a collé des carreaux sur ses papillons. Pour mieux vous voir, dit-il. Je le soupçonne d'être le loup déguisé en mère-grand. C'est pourquoi je lui ai demandé des habits blancs. Pour qu'il ne me confonde pas. Je ne veux pas de rouge.

Il contourne son bureau, prend le fauteuil en face du mien, s'assoit et me sourit. C'est psychologique. Pour être plus proche de moi et que je me sente en confiance.

Il questionne beaucoup sur mon frère, Théophile, sur sa mort, les circonstances, les mobiles, tout ça. Moi je réponds. De Maman il ne parle pas. Il ne sait pas. Je lui dis quand même, parce que ça me fait plaisir qu'il sache. Parce que je le trouve beau. Quand je lui dis, lui, avec ses yeux, il dit « bien sûr », mais ça veut dire Je ne suis pas dupe. Il me fait rire. Je le trouve bête parce qu'il croit le contraire de ce que je dis et que pour Maman il dit que je mens, que je ne l'ai pas, que ce n'est pas possible.

Pour Théophile, moi, chaque fois, je lui raconte une autre histoire. Il les adore, les histoires. Je le vois dans ses iris. Ils grossissent et rétrécissent quand Théophile meurt. Quand je serre son cou, quand je coupe son corps, alors il lèche ses babines. J'invente ces histoires pour ses beaux yeux et aussi pour qu'il ne me mange pas.

Ses dents mordent ses lèvres tandis qu'il regarde mes iris. Parfois il regarde mes lèvres. J'ai peur qu'il me dévore avec ses dents. Avec ses yeux je suis d'accord, mais avec le reste.

Je crois que le docteur est amoureux. C'est un classique, le transfert.

Théophile aussi était amoureux. Cela se voyait à ses joues qui devenaient comme des rhododendrons. Le rouge se déposait dessus.

Ils se trompent. Je l'ai dit au docteur. Ils m'ont enfermée dans cette chambre pour des motifs flous. J'ai toute ma raison. Mes actes sont justes. Mais pour eux ce n'est que folie. Dans quel monde vivent-ils ? Le temps, messieurs les Docteurs, le temps. Une juste distribution temporelle, voilà ce que j'ai fait. Une redistribution. Mon sang est froid et mes gestes aiguisés. Théophile devait mourir. Il le fallait. Il devait me laisser la place auprès de la génitrice. Il avait fait son temps. Ces cinq années, il fallait qu'il me les rende. On n'enferme pas les gens pour ça. Ou alors dans d'autres pièces.

Cette maison aux murs transparents me rend neurasthénique. Elle est remplie d'infirmières aux sourires hypocrites, soutenus par les fils invisibles du Prozac. Elles sont enfermées. Ici. Comme moi. Elles prennent des drogues qu'elles s'administrent elles-mêmes. Elles flottent dans les couloirs avec leurs têtes concernées et pleines d'idées de meurtre.

J'attends la nuit. Les yeux ouverts sur le monde de MA chambre. Les fissures du plafond et les éclaboussures, l'ampoule figée, l'éclair qui la transperce, le rebord de la fenêtre, vieilli.

Mon cœur est si gros qu'il danse dans la poitrine. Il saute haut, il cogne et s'élance comme sur une vague immonde. J'ai peur, je tremble, Maman. Console-moi. Viens me prendre dans tes bras et dis-moi. Que je suis gentille, que je suis jolie, entourée de cette graisse, compagne des jours gris et qui ne me lâche pas. Parle-moi. Redis encore, encore, encore : « Ton visage est si doux, India, que même un peintre n'a pu le dessiner, tes yeux verts, grands ouverts, sont des promesses, le grain de ta peau une consolation et tes mains une prison pour les amoureux. » Parle-moi. Dis-moi que je ne suis pas un monstre. Parle !

Les femmes en blanc de cette maison ne le font pas. Elles réprimandent. Elles disent que ce n'est pas possible, qu'il faut aller à la selle. Mais moi je ne veux pas.

Te garder près de moi. En moi. En moi les jours de vacances, les repas préparés pendant des heures, en moi tes rires, tes larmes, tes mains sur mes joues, en moi tes jours de cafard, tes crêpes, tes mains boudinées, en moi. La chaleur de tes bras, celle de ta voix qui caresse et console. J'entends ses inflexions, ses notes, si justes, ses vibrations. Tes chansons, ta voix, en moi.

Je refais tes gestes devant le miroir. Toi. Te voir. Te faire. Je te fais. Je refais comme toi : je crêpe mes cheveux pour leur donner du gonflant, je maquille les yeux de noir. Outrageusement. Pour agrandir. Mets du rouge, outrancier, pour pallier la pâleur de ta peau du Nord. Je mets une pince dans les cheveux relevés. Pour le cou. La nuque. La mettre en valeur. Serrer la petite pince entre les dents de devant pour en écarter les côtés. La glisser dans la matière blonde et la camoufler sous une mèche souple.

Je lèche mes poignets à l'endroit du parfum, parce que, ici, pas de parfum. Alors je me parfume ainsi et je renifle cette trace, cette odeur de salive séchée adorée. Je retends le tissu de ma jupe afin de souligner la taille. Je suis toi maintenant que tu es en moi.

Je te parle et te caresse. J'entends tes réponses. Tu me parles, toi.

Pas comme elles. Ces folles qui se promènent en liberté.

Elles se parlent à voix basse comme si j'étais là.

Je suis absente mais leurs mots touchent mon cœur.

Elles disent que je n'en ai pas, qu'avec ce que j'ai fait, ce n'est pas possible.

Mais les mots blessent les visages impassibles. Quand ils atteignent mon cœur, c'est là.

Je sens l'air qui s'alourdit au fil des jours, il ne glisse plus, je le sens compact, réticent. C'est moi qui le pousse jusqu'aux bronchioles, c'est moi qui l'éjecte de mes bronches, complètement vicié. C'est moi. L'air ne vient plus à moi de manière naturelle. C'est moi. J'y pense, je me concentre sur les mouvements qui faciliteront ma respiration. Je suis oppressée, oui c'est ça, j'étouffe.

Maman, parle-moi, dis-moi. Je manque d'air. J'attends la nuit et son cachet. Je le prends et je vacille. Je veux dormir, ne plus exister, être l'autre, celle des rêves. J'étouffe. India que je rêve.

Les jardins de Bagdad. Je mange des fruits avec maman. Théophile n'est pas mort. Il n'a jamais existé. Au milieu de la végétation luxuriante il n'y a qu'elle et moi. Maman et India. Je cours vers elle et elle me soulève de terre en tournant sur elle-même. Ses cheveux blonds volent autour de nous. Je mélange mon visage au sien. Je renifle ses joues, elle embrasse mon front et le monde tourne autour de nous. Il perd de sa netteté. Elle me pose à terre et me regarde en riant. Elle touche mon corps d'enfant. D'abord la tête, « le pôle Nord », et elle rit. Puis les joues, « les pommes d'amour », et m'embrasse. Elle m'attrape par la taille et m'embrasse encore. Elle dit ma toute petite India. Elle me prend la main et elle court avec moi sur l'herbe. Folle, elle rit et mon cœur est calme. L'air est frais et je n'y pense pas.

Je veux dormir, mademoiselle Ava. Je veux le remède. Je veux la capsule pour dormir. Elle dit non et ses yeux disent qu'il ne faut pas insister, qu'il n'est pas encore l'heure. Elle rajoute : « Je suis catégorique, Léda. »

Elle ne sait pas. Elle ne sait rien faire comme il faut. Maman elle savait dire non. Elle disait : « Non c'est non, un point c'est tout ! »

C'est quoi ça, la douleur dans la poitrine ? C'est quoi, hein ? Au réveil, comme ça, elle me prend par surprise, quoi, elle attaque, elle mord. Pourquoi ? Qu'est-ce que j'en fais ? Cette griffe, là, à l'intérieur, dans la poitrine, dès le matin, c'est quoi ? Dis, mademoiselle Ava ? C'est quoi ? C'est fou ce que tu peux m'énerver ! Tu réponds quand tu veux ! Je te parle mais toi. Toi tu ne dis que les phrases apprises par cœur. Bonjour Léda, bien dormi, prête pour le psy ? Tu parles poliment – que tu crois – mais ce n'est rien, ce sont des formules creuses et chez moi ça ne rebondit pas. Tu es amoureuse ? Parce que sinon.

Il faut retourner voir le docteur aux iris bleus et raconter encore. Aujourd'hui je préférerais dormir. J'en ai marre de ses questions et je ne vois pas où cela le mènera. Il cherche peut-être des idées. Pour quoi faire, je l'ignore, mais il cherche quelque chose. Mais moi, aujourd'hui, je préférerais dormir toute la journée dans les bras de Morphée. Parce que, ici, personne ne me prend dans ses bras, personne ne me serre, personne ne me caresse, alors je palpe ma peau, je roule mes chairs entre mes doigts, j'enlace mon corps-éléphant, j'enfonce mes doigts dans la viande molle de mes cuisses, j'embrasse mon image dans le miroir et j'attends Mlle Ava. Pour la douche. Qu'elle me touche. Avec ses yeux, avec ses gants et son haleine. Parce que Mlle Ava est la seule à toucher mon corps. Moi je ne veux plus le faire. J'ai décidé.

Les gants de plastique. Elle met des gants de plastique sur ses mains manucurées. Après, elle glisse ses mains gantées dans un autre gant, en éponge. De toilette, elle dit. De toilette. Elle prend des gants et me lave.

Mais le corps n'est plus. Il dégoûte. Dégoûte Mlle Ava.

Non, moi je veux qu'on me touche. Je le dirai au docteur, que je suis d'accord. Que s'il a des velléités il n'a qu'à faire à sa guise. Je lui dirai les yeux dans les yeux. Et s'il nie, je dirai qu'il le faut, que sinon je vais devenir folle. Il sourira à ce mot et écrira dans son cahier en disant : « Je prends note. » Mais il ne fera rien, il fera un compte rendu et personne ne prendra en considération ni mes désirs ni le manque de contacts dont nous souffrons dans cette demeure, nous les malades, nous les fous, moi la dingue. Je ne suis plus rien ici. Une chose qu'on étudie, qu'on observe. Rien.

On me lève, me réveille à coups de cachets, on m'ordonne de manger, de raconter. Mon monde.

On fouille ma tête, on donne des noms à mes actes, à mes sentiments, puis, on me couche, avec encore des médicaments. Et personne ne parle. Ils posent des questions mais ne répondent pas aux miennes.

Crouler sous les baisers
de la génitrice. Fermer les yeux
et sentir son parfum compact
imprégner les papilles de ma
langue rose qui lèche son visage
chocolat-vanille. Renifler
ses joues qui, après, sentent la salive.
Odeur d'éternuement.
Passer les doigts dans sa
chevelure épaisse. Rire
de cette matière qui ressemble
aux cheveux des chevaux
dans les films de cow-boys.
Entendre son rire grave et ridicule
qui énerve le géniteur
parce qu'il coule en cascade
et qu'il est tout sauf distingué.
S'accrocher à ses jambes dodues

qu'elle appelle poteaux
et s'y attacher pour toujours.
Ne plus vouloir la quitter.
Jamais.
Haïr cet enfant, l'autre,
plus grand, qui vient prendre la place.
Théo. Cracher son nom.
Regarder avec dégoût
l'accouplement de sa propre mère
avec ce faux frère. Maudire
ces cinq années qui font de lui
le privilégié. Compter les jours
de bonus qu'il possède.
Jalouser leurs nuits sans moi.
Maudire ces années.
Profiter de chaque instant
où Théophile n'est pas dans les
jupons de Ma mère et la suivre
comme un chien. Se l'entendre dire,
Arrête de me suivre partout
à la trace, on dirait un chien.
Ne peux-tu donc pas jouer
toute seule ?
Non, je ne veux pas jouer
toute seule. Je ne veux rien faire
sans toi, sans ta voix, ton odeur.
Je ne veux pas jouer avec Théophile.
D'abord c'est pas mon frère.

1

Avant de le pousser je l'ai embrassé sur la bouche, docteur.
J'ai posé mes lèvres là, sur ses lèvres gourmandes et dévoreuses,
et j'ai enfoncé la langue. Comme lui.
Comme lui avant.
Avant moi. Avant que ce soit moi, ce jour-là, qui le fasse, à lui,
avant que ce soit moi qui décide.
De le faire.
Avant c'était lui.
Lui qui décidait de la prendre, ma langue.
À la recherche de sensations dégoûtantes et jouissives, disait-
il.
Je lui ai rendu.
Rendu ce qu'il m'avait volé.
J'ai fait comme la première fois, quand il a dit
Presse tes lèvres roses contre mes lèvres closes.
Pousse ! Léda, pousse !
Pointe la langue et enfonce-la dans ma bouche, petit vampire.
Tourne, Léda, tourne autour de ma langue.

Je tourne la langue dans le sens des aiguilles
et je compte les minutes qui s'écoulent
dans nos salives mélangées.
Se décoller et rire de dégoût.
De l'interdit faire un fou rire. Et recommencer.
Appeler ce baiser celui de la limace.
Je mélange les temps. Celui de ce matin d'avril
où ce baiser sera le dernier,
le temps de la première fois, du premier vol,
et le temps des autres, de toutes les autres fois.
Je touche l'intérieur de son bras
et le caresse de haut en bas pour faire des « guilis ».
Donner du plaisir au frère. Changer de rôle.
Prendre et donner. Prendre surtout.
Ne jamais oublier l'avance qu'il a prise
sur l'existence partagée avec la génitrice.
Faire tout dans l'ordre de la liste :
– L'emmener sur la falaise.
– Rire du bonheur d'être avec lui.
– Faire comme d'habitude.
– L'embrasser en ce matin d'avril.
– Lui caresser l'intérieur des bras.
– Lui dire Au revoir.
– Le pousser des falaises.

Lui rendre le baiser de cette bouche tant de fois cambriolée,
et reprendre le temps.
Le sien.

Équilibrer.
Théophile.
Plus de Théophile. Pfuit ! Disparu !
Je l'ai tué. Depuis longtemps déjà,
depuis l'enfance la plus tendre.
Assassiné, ce frère qui a pris de l'avance.
Ce frère serré par ma mère, cajolé,
pendant presque deux mille jours
de plus que moi, ce frère qui aura mangé
3 650 repas de plus que moi,
à raison de deux repas par jour pendant cinq ans.
Le tuer pour de bon.
Décoller les lèvres de celles
du frère qui se régale de son ascendant sur moi,
ce frère qui ne sait pas encore. Bête qu'il est.
Si sûr de son pouvoir sur Léda.
Le regarder droit dans les yeux jusqu'à le transpercer.
Chercher le malaise.
Sur la falaise. Le pousser doucement, un peu,
beaucoup, passionnément.
L'entendre rire. Rire aussi. Avec lui.
Voir son visage se transformer
devant mes intentions, devant son impuissance.
Je suis plus grande que lui désormais,
plus forte. J'ai couru en vain
derrière le temps pour le rattraper
mais les années sont restées,
immuables, entre lui et moi.

Immobiles, nous vieillissions ensemble. Cinq ans.
Seul mon corps prenait de l'avance.
En hauteur, en largeur, en force.
Mais jamais au grand jamais je n'ai aboli le temps.
Je le fais.
Là.
Maintenant.
J'arrête sa vie et il le voit dans mes yeux.
Les siens me supplient. Sa bouche se tord,
demande pardon. Il croit que je le tue
pour le mal qu'il m'a fait. Mais non.
J'explique. Le temps. La répartition.
Il crie Tu es folle. Et je ris.
Je dis Adieu Théophile.

M. le Docteur ne vient pas. Il envoie cette petite femme qui lui sert de secrétaire. Elle me dit que le Dr Ilan ne me verra que la semaine prochaine, que mon dossier a bien avancé et que je serai parmi eux pour un bon bout de temps. Je lui demande de ne pas le dénommer bon. De dire que je suis là pour un temps certain. Un certain temps. Mais pas bon, madame, s'il vous plaît, pas bon. Il ne faut pas dire ça sans savoir. Comment pouvez-vous prévoir ? Vous amusez-vous tant que ça dans cet établissement pour affirmer que le temps qui s'écoule ici est bon ?

Elle regarde mes yeux et ne dit rien. Je lui souris, je sais qu'elle est un peu dérangée et lui demande pardon de m'être ainsi emportée.

À dix-neuf heures je mange tout ce qu'il y a sur le plateau-repas. Je commence toujours par le plat chaud. Ce soir le poulet ressemble à cette femme croisée la veille de mes dix ans, Mme Marteau. C'est la peau qui traduit ça. Je le mange en entier, avec ses cartilages et sa chair. Je mange tout le riz et les carottes cuites à l'eau. Je prends l'assiette entre mes mains et je bois le jus. Personne ne dit rien, à part moi il n'y a personne dans cette chambre. Je me laisse faire.

Maman n'aurait pas été contente.

Après je mange le froid. Tous les jours l'ordre est le même. Ce soir je n'aime pas l'entrée. Ils ont mis des charcuteries et les couleurs jurent avec le reste du plateau. Je mange le dessert après l'entrée et je regrette qu'il n'y ait pas de sortie, alors je mange le pain, le beurre puis le fromage, et je termine en mélangeant le sel et le poivre dans mon verre d'eau. J'ingurgite cette soupe salvatrice et je lèche tous les récipients. La langue glisse et profite de tous les résidus de nourriture. Pendant que le corps s'occupe, la pensée flâne dans les plats de la génitrice.

– Pieds de porc
– Cervelle au vinaigre
– Joue de bœuf
– Gâteau au chocolat
– Mousse
– Sauce tomate
– Salade de thon
– Rôti de porc
– Épaule d'agneau
– Jardinière de légumes
– Boulettes de porc
– Calamars inventés
– Croquettes de viande
– Salade de homard pour jour de fête

– Patates farcies
– Crevettes aigres-douces
– Carbonades
– Couscous

Oh, comme je regrette de n'avoir mené à terme mon projet. Il eût été facile, pourtant, de demander à la génitrice ignorant son imminente exécution, sous des prétextes farfelus et facilement assimilables à mon état psychologique fragile depuis la mort de Théophile, de préparer en quantité astronomique les plats tant aimés, afin de les congeler et pouvoir ainsi les déguster après sa mort ! La manger encore et encore. Après avoir dévoré ses chairs, se délecter de son savoir-faire. Les goûts. L'enfance. Manger l'enfance, ses fragrances, ses saveurs. Toujours.

2

J'ai tué Théophile.
Je l'ai noyé dans un bain, un matin d'avril.
Ils jouaient à la petite sirène.
Nous avons bu beaucoup. Tout le whisky.
Comme quand je lui préparais du thé
que je lui servais dans la dînette en métal brossé.
Il buvait chaque tasse servie par l'enfant déguisé.
Il avait chaud, nous devions sortir.
Saouler Théophile pendant que l'eau de la baignoire
s'écoule de la robinetterie neuve.
Ne plus hésiter.
Compter le temps et en un calcul mental
se dire que c'est le moment.
Pas un jour, pas une année de plus.
Refaire le calcul pour la dernière fois et sonner le glas.
Théophile grand frère adoré.
Pleurer presque de lui faire ces adieux silencieux.
Ne pas le prévenir de peur qu'il ne refuse

le projet longuement mûri.
Compter encore pour ne pas se tromper,
ne pas lui enlever du temps injustement.
Vingt-trois moins dix-huit égale cinq.
Dans cinq ans, Maman. Puis moi. Léda.
Ne plus pleurer. Non. Se dire que c'est ainsi.
Comptabiliser les années de Théophile. Vingt-trois.
Calculer.
Moi, dix-huit. Compter encore les années.
Conclure qu'il faut arrêter la vie de Théophile
maintenant pour que le compte soit rond.
Vingt-trois ans chacun. Vingt-trois ans pour lui,
moins dix-huit, plus cinq, égalité. Quarante-cinq pour
Maman + cinq = cinquante, le compte sera rond.
Le compte est rond.
Égalité.

Arrêter l'eau du bain avant que la baignoire
ne déborde et prendre Théophile par la main
avec ce rire d'enfant qu'il aime tant. « La gamine »,
c'est ainsi que le grand frère appelle l'enfant
qui habite le corps. Moi, India-Léda.
Lui prendre la main et le faire tourner
autour de moi. Toupie alcoolisée.
Rire pour l'entendre rire à son tour.
L'entraîner dans cette eau trop chaude.
Ramollir ses chairs. Se déshabiller en chantant
les chansons des enfants d'antan,

ceux qui ont laissé la place.
Dénuder ce corps sans pudeur.
Mettre à nu le mien.
Il a dix ans,
j'en ai cinq. Il rit et fait pipi dans l'eau. Je l'imite.
Pisser comme deux garçons.
Aider le grand frère parce que les murs
dansent autour de lui. Le prendre dans mes bras
qui sont devenus forts avec les années.
Porter le corps du grand frère
devenu plus petit que le mien
au fil du temps. Casser ce fil.
Vingt-trois moins dix-huit égale cinq.
Vingt-trois ans chacun. Vingt-trois pour lui,
moins dix-huit, plus cinq, égalité.
Prendre ce corps, plus vieux, dans mes bras,
plus jeunes, plus forts, et embrasser sa bouche.
Regretter déjà sa présence et ses fous rires,
ses colères et ses prétentions,
mais ne reculer devant rien, pas même
devant les sentiments qui se présentent au portillon.
Plonger le corps dans l'eau à 40 degrés.
Lui chanter la chanson de Cendrillon
et maintenir sa tête sous l'eau hostile.
« Et un matin d'avril, vous verrez
le Prince charmant arriver et vous emmener pour la vie. »
Regarder les doigts de ma main se détacher
par leur blancheur de la masse

de cheveux noirs qui flotte
dans le lagon aux sirènes.
Regarder droit dans les yeux du frère
et lui sourire.
Chanter la chanson de Peter Pan
et lui dire qu'il ressemble vraiment aux sirènes
de never-never land.
Lui dire au revoir et ne pas verser une larme.

Sentir les gouttes qui s'échappent du récipient
en fonte et qui tombent sur mes pieds,
qui éclaboussent mes lèvres.
Passer la langue au ralenti
et savourer les gouttelettes.
Ne pas sentir de résistance
parce que le whisky a endormi ses sens.
Résister aux mains fines, à ses mains de fille,
ses mains sèches, longues mais fortes,
qui sortent de l'eau et agrippent mes poignets,
et qui serrent de toutes leurs forces
d'homme saoul.
Laisser les ongles griffer mes bras
et arracher des copeaux de peau.
Se dire qu'il faudra nettoyer
pour ne pas laisser de traces. Merci, Columbo.
Les courses folles au bord de la plage,
les mois d'été quand Théophile
courait après Léda-India

et la faisait rouler dans le sable
comme une croquette
avant de mordre ses bras potelés.
Quarante-cinq pour Maman + cinq = cinquante,
le compte est rond. Le compte est rond.
Vingt-trois chacun.
Égalité.

Ne pas flancher sous les bulles d'air
qui s'échappent de ses lèvres bleues
et ressemblent à des parachutes de cristal
qui explosent au contact de l'air.
Se pencher et rapprocher le visage
du miroir que crée l'eau du bain
pour accompagner le frère dans son voyage
au pays imaginaire.
Regarder dans les yeux noirs,
vitreux maintenant, et sourire,
pour apaiser. Relâcher doucement la pression
au fur et à mesure
que Théophile lâche le poignet de l'enfant.
Contempler une dernière fois le visage
à présent bouffi de cet homme
qui était si beau.
Était.
S'essuyer les mains et mettre un pull
aux manches complices.

Maman joue avec Théophile. Elle ne m'a pas dit un mot.

La chaleur écrase. Le soleil me fait pleurer. Elle dort, elle lit, elle travaille dans la maison. Et moi qui exècre mon être je pourris sur place. Je hais ma compagnie. Je ne veux pas m'entendre parler et pourtant cette petite voix interne ne s'arrête jamais. Parler à haute voix pour ne plus l'entendre. Trouver un interlocuteur dans cet endroit. Ici, point de salut. Pas âme qui vive, que ces fantômes.

Et ce soleil qui éblouit.

Je compte les jours en retenant les larmes.

J'oscille entre l'envie de garder en moi ma douce mère digérée et celle de l'abandonner.

Je ne dois pas céder devant la pression du corps médical, celle de Mlle Ava qui dit que demain il faudra remédier à ce problème, que je ne peux rester ainsi, que je vais provoquer une occlusion.

J'attends le docteur et ses iris bleus. Je vais lui dire, moi, je sais qu'il comprendra, je le vois bien, ses yeux pétillent quand je découpe ma Maman, ses lèvres se mouillent quand je la caresse à travers mon ventre, ses narines vibrent quand je croise mes jambes, alors lui il comprendra, parce qu'il m'aime bien et qu'il veut m'épouser.

3

Il plante ses yeux dans les miens. Je les reçois de plein fouet. Ils prennent toute la place et me donnent la migraine. J'en ai quatre dans les orbites. Les siens plus les miens. Le bleu me brûle. Le marron ne résiste pas, il va couler et laisser des traces indélébiles sous mes yeux, comme du rimmel. Je veux qu'il les retire.

J'ai mal à la tête, monsieur le Docteur. À cause de vos yeux dans les miens. Ils me font penser à ceux de Théophile quand je serrais sa gorge, que je sentais l'accordéon de sa trachée danser sous la pulpe de mes doigts.

Enlève tes yeux de ma tête. Reprends-les, docteur, tu fatigues mes orbites, elles vont exploser si tu ne fais rien. Tout de suite ! J'ai mal. Comme si des aiguilles fouillaient la matière de mon cerveau.

Théophile, lui, a fermé ses paupières
et ses yeux ont pivoté vers l'intérieur,
comme des billes, tu vois, docteur,

ils ont roulé dans sa boîte crânienne
et il a pu voir, enfin, le vide, le sien,
le rien de dedans sa caboche. Et j'ai ri !
T'aurais vu sa tête à ce moment-là,
son expression devant sa découverte,
sa stupeur face au néant,
son désarroi ! Ah !
Sa langue, quant à elle,
gonflait à l'extérieur de sa bouche bleuie.
Je l'ai sucée, pour lui rappeler
nos jeux d'enfants,
quand nous jouions aux amants.
Quand nos langues se touchaient,
gluantes à nous faire rire.
Lorsque nos salives se mélangeaient à nous dégoûter.
Je la tenais entre mes lèvres
et elle sautait sous mes dents.
Elle voulait s'enfuir
alors je l'ai retenue avec les dents.
J'en ai croqué un morceau,
et, comme pour les cerises
de l'arbre de l'arrière-grand-mère,
le jus a coulé sur mon menton.
Le goût n'était pas le même.
Plus acide, plus métallique.
J'ai recraché dans sa bouche
quand ses mains ont lâché mes épaules.
Il ne disait plus rien.

Juste avant de mourir, il disait hum ! hum !
et je lui répondais : « hum, hum. »
Pour lui.
Lui faire plaisir. Malgré l'effort.
Parce que toutes mes forces
étaient concentrées dans mes mains.
Autour de son cou. Vous comprenez ?
Ses muscles étaient tétanisés
sous la peau. Ses ongles
enterrés dans mes bras.
Ses yeux dans leurs orbites.
Sa langue dans ma bouche.
Mais c'est moi qui ai gagné cette fois.
J'ai mis toutes mes forces.
Il faut beaucoup de force.
Voilà, monsieur le Docteur,
voilà comment ça s'est passé
et arrêtez de me regarder… vous me faites mal.

Le beau docteur ne dit rien. Il fixe la pointe de son stylo. Il attend que je réponde à sa question. C'est toujours la même. Je le vois qui fixe mes seins. Il fait semblant de fixer la pointe de son stylo mais ce sont celles de mes seins qu'il regarde.

Moi je suis d'accord. Moi je veux bien qu'il me serre contre son corps, qu'il embrasse ma peau, qu'il morde mes tétons. Moi je veux bien qu'il entre à l'intérieur de mon corps, moi je dis oui à ses doigts qui viennent fouiller mes entrailles, qui frôlent la génitrice ingérée voilà quelques jours et qui s'ennuie dans le noir de mes viscères. Elle pourra ainsi lui serrer la main et cela me fera jouir. Moi je dis encore ! à son sexe qui pénètre mon corps et qui lui assène de grands coups, oui à ses mains qui agrippent mes chairs molles et abandonnées comme les paysages désolés. Moi, je remercie le docteur de dire avec son corps que je suis vivante et que ça a un résultat. Que ma présence réveille des choses en lui, que je ne le laisse pas indifférent. Je dis merci à sa bouche d'embrasser la mienne et de me laisser me taire pour une fois. De laisser ma langue tanguer et s'enrouler dans cette masse visqueuse. Moi je souris quand la langue du docteur, muette enfin, lèche mon entrejambe, parce que ça veut dire que je sens bon. Je remercie le docteur quand ses mains parlent à mes cheveux, quand elles caressent mes yeux comme on survole les plaines hagardes. Je rends grâce à ses yeux qui restent dans les miens et qui ne disent rien ou alors, momentanément, que du bien.

Il applique le traitement qu'il faut au corps. Il est mort pour le corps médical mais pas pour celui de l'homme en blouse blanche qui repose sur le mien. Mon corps a existé pour lui. Devant moi, sous mes yeux, dans moi, en moi, il est entré partout, il a rempli l'espace laissé pour compte.

Le docteur fixe ses pieds et remonte son pantalon. Il remet une mèche de mes cheveux derrière mon oreille et de sa voix la plus douce il dit, À demain, India, heu, Léda. Les deux, monsieur le Docteur, les deux. In-dia-Lé-da ! Il regarde derrière lui, comme si.

Il me raccompagne à la porte où Mlle Ava vient me prendre pour me ramener dans MA chambre blanche. Ses yeux font exprès de ne pas croiser ceux de Mlle Ava. Je m'en moque, je mets les miens dans les siens et je lui souris, même s'il est gêné, même si c'est notre secret.

Tout est blanc. Mes yeux aussi. Je suis triste de quitter le docteur aux iris bleus. Je sais qu'il est attristé lui aussi mais il ne dira rien. Le docteur est amoureux et il n'y peut rien. Il doit se priver de moi. C'est déontologique. Il ne peut continuer à me serrer dans ses bras. Je suis une malade. Une meurtrière. Et je l'ai meurtri alors je suis condamnée. Accusée d'avoir volé son cœur. Mais je veux bien le lui rendre, mademoiselle Ava, encore faudrait-il que je l'aie. Il ne me l'a pas donné. Non, ce n'est pas son cœur que j'emporte dans MA chambre, ce sont tous ses enfants qui dorment dans mon ventre et qui font la conversation à maman. Ses futurs petits-enfants lui tiennent déjà compagnie. Pour un moment seulement parce que je ne veux pas devenir Maman, il faudra alors tuer les petits enfants en enfonçant des aiguilles comme chaque fois qu'un garçon dépose sa progéniture dans le fond de mon ventre. Mais j'attends un peu, pour Maman. Elle s'ennuie tellement.

Les arbres, mes amis, me regardent à travers les grilles. Je ne les aime plus. Robert a grossi et Gédéon me culpabilise. Ce n'est pas ma faute si vous êtes plantés là. Moi aussi j'y suis. Ce sont les autres qui décident et plantent le décor. Arrêtez de me supplier d'ouvrir la fenêtre pour vous donner de mon air. Ce n'est pas moi qui l'ai condamnée. Ce sont eux qui jugent bon pour moi de paralyser ses montants de bois et sa poignée. Ce sont eux qui l'ont tuée après tout ! Eux ou l'architecte et son sexe indéfini. C'est lui, c'est elle qui a fait les portes avec l'ouverture pour les yeux qui fouillent. C'est lui, c'est elle qui a bloqué les fenêtres. C'est sa faute si vous n'avez que nous comme paysage. Écrivez-lui !

Moi je voudrais bien changer de robe pour vous divertir. À fleurs pour danser avec vous, à pois pour une farandole. Je voudrais bien du maquillage pour cacher les cernes et rire de tout avec vous. Et toi, Gédéon, avec tes airs de pleureuse, tu n'as pas honte de te plaindre, avec tous ces oiseaux qui te font la conversation.

Moi je veux bien échanger avec vous. C'est vous la folle, c'est moi les arbres et les branches. Et le silence.

Dix-huit plus cinq, vingt-trois. J'ai vingt-trois ans et cent trente kilos.

Taisez-vous, je vais vous lire des pages de ce livre qu'ils m'ont offert. Choisi par leurs soins comme de bien entendu. Pour que ça ne me nuise pas.

Je lis et caresse les pages pour vous, comme en Provence, sous un arbre à l'ombre, protégée des rayons cuisants du soleil qui veut ma peau. Protégée par les feuilles bienveillantes.

Laissez chanter les cigales, laissez chanter les contes imaginaires. Vos pieds sont nus, posés sur l'herbe chaude.

Laissez-moi fermer les yeux. Chantez-moi la berceuse jusqu'à l'aurore. Ne dites plus de mal.

Chut.

4

La chambre est douce
maintenant. Je vois tout
en blanc et je retourne
dans la neige avec Théophile.
Il veut toujours salir la neige.
Il dit que c'est trop blanc,
que rien n'est pur
et qu'il faut modifier
le paysage pour qu'il soit
en accord avec la réalité.
Je pleure et supplie. Non,
Théophile, non,
laisse la neige toute blanche !
Mais Théophile ne veut pas.
Il marche dessus avec ses chaussures,
il écrase la neige,
en fait une bouillie grisâtre
en chantant de vilaines chansons.

Et il rit. Il rit parce que je pleure.
C'est comme avec les frites.
Je mets la mayonnaise
et le ketchup côte à côte
sur mon assiette et je trempe
les frites dedans. Dans les deux sauces,
mais.
D'abord la mayonnaise,
puis le ketchup.
Il ne faut pas salir la mayo.
Il ne faut pas ! C'est impossible !
Il faut qu'elle reste blanche.
Mais Théophile s'en fout.
Toujours il me vole une frite
et salit la mayonnaise
en y plongeant la frite
déjà trempée de ketchup.
Théophile se moque. Il rit. Méchant !
Alors moi.

Alors moi, je lui coupe les pieds, à Théophile
et je trempe son corps, tout sanguinolent,
dans la neige blanche. Je le traîne
sur l'immaculée blancheur conception
et je dessine des cœurs pour les avions.
Plus que grandeur nature. Je le tire
par les cheveux et je lui dis
de bien regarder les traces qu'il fait

sur le blanc de ma mayonnaise.
Que c'est énervant, hein ?
Je lui crie de bien faire attention.
Qu'il abîme tout sur son passage.
Qu'il salit ce qui est pur.
Le rouge ketchup dans le jaune mayo,
c'est non !
Théophile je l'ai égorgé, monsieur le Docteur,
égorgé avec le couteau de cuisine
de l'appartement de Méribel, en avril,
quand les dernières neiges recouvrent
encore le flanc des montagnes.
J'ai coupé ses pieds en premier,
pour la neige, pour le ketchup,
pour qu'il sache.
Et parce qu'il criait trop, j'ai fendu
sa gorge, fendu comme une jupe.
Nette et précise, la découpe.
Ce que j'ai ressenti ? Un spasme,
une puissance merveilleuse.
J'étais Dieue elle-même.
Dieue en personne.

Dans ma tête tout est creux. J'entends les hommes en blouse diagnostiquer mes souffrances et n'y rien faire sauf médicamenter. Ils ne savent pas. Ils sont dans l'ignorance mais ne l'avoueront jamais. Ce corps médical endort le mien. Il l'enferme sans résoudre.

Je ne crois plus en leur empathie de circonstance, à leurs oreilles attentives que mes propos ramènent à leurs problèmes domestiques, et leurs yeux qui prétendent être à l'écoute, leurs paupières qui se froissent quand ils miment la compassion, leurs bouches tordues quand ils feignent de comprendre et ce léger hochement de tête. Je ne les mangerai pas. Parce que je ne les aime pas.

Ne pas déchirer leurs fines membranes. Laisser leurs yeux continuer leur travail de bluff avec les autres patients. Oui, nous sommes patients.

Jouer le jeu. Les laisser croire qu'ils nous soignent et non le contraire. Qu'ils sont utiles dans ce monde. Mon monde, notre monde à nous, les patients. Garder patience. Celle des rois. Les écouter questionner et répondre à côté. Baisser le regard et faire des tics nerveux pour les encourager dans leur voie.

Ils ne voient pas que j'ai raison. Que je n'ai fait qu'appliquer la justice. Que mes actes sont fondés sur une parfaite distribution du temps, que mes actes sont généreux et justes. Ils parlent de l'article 64 du code pénal pour justifier ma présence ici, entre ces murs blanchis et javellisés mais comment justifient-ils la leur ? Sont-ils aussi patients que nous le sommes ?

Je suis article 64. Et eux, quel article les mène à cet endroit de débauche, où leurs mains parcourent nos corps sous prétexte que nous ne pouvons subvenir à nos besoins les plus simples comme savonner ces membres qui nous trimbalent, nous et notre patience.

Je n'ai pas d'autre consolation que celle de me moquer des hommes de science, que celle de rire à la barbe du corps médical. Se rêver femme à barbe, attraction payante dans cirque de fortune. Ici, personne ne paye pour voir.

Je me souviens du camion. Celui qui mène au tribunal, devant les hommes en robe noire, qui sondent en touchant leurs cheveux synthétiques les mobiles de la prévenue que je suis devenue. Prévenue de quoi ? Personne ne m'avait avertie. Ils cherchent à me cerner. Ils tournent en rond. Suis-je schizophrène ou une personnalité paranoïaque délirante chronique ? Suis-je article 64 ? Une délirante passionnelle ou encore une personnalité immature avec arriération intellectuelle dans la débilité mentale ? J'entends le joli docteur dans son beau costume du dimanche parler à l'avocat en robe noire, de concept d'immaturité affective reposant sur une triade essentielle : dépendance affective, intolérance aux frustrations et immaturité sexuelle avec, au niveau psychopathologique, présence d'un noyau archaïque important.

Ils parlent comme si j'étais un objet inanimé, dénué de perceptions auditives et cognitives, comme si leur vocabulaire m'était incompréhensible, ils se croient opaques à mon cerveau malade. Mais je leur dis avec mes pensées qu'ils se trompent, que je ne suis nullement malade, que tout ce que j'ai fait je l'ai fait en pleine conscience, que c'étaient des actes justes et utiles. Je vois leurs bouches délivrer des vérités sur mon compte. Mais que savent-ils de moi à part que j'ai éliminé Théophile de la surface terrestre pour profiter de la génitrice et qu'il m'a fallu ingurgiter cette dernière cinq ans plus tard, afin que les distributions temporelles soient justes.

Sont-ils conscients qu'ils me font perdre mon temps ? Qu'à cette heure-ci Théophile est déjà avec Maman depuis bien trop longtemps ? Qu'il faut que je les rejoigne au plus vite ? Des mois maintenant qu'ils se sont retrouvés et je suis sûre qu'ils rient de moi. Qui ? Mais Théophile et Maman voyons ! Je dois les rejoindre ! Pauvres fous ! Vous ne savez pas ce que vous faites ! Qui essayez-vous de sauver ? Votre idée de la morale ? Il n'y a personne à sauver ! Article 64 ? Soit. Mais tout cela est ridicule. Oui, ridicule. Si j'avais terminé nous ne serions pas là à débattre. Je serais avec eux, ceux que j'aime, et nous ne perdrions pas notre temps dans cette cour. Ô Créatures bavardes ! Taisez-vous !

Cet air qui me manque et ces murs comme limites du temps me font hurler. Je veux quitter ce lieu. Je hais ses habitants, ses fous, ses monstres, ses dames en blanc et ses médecins. Je les conchie ! Je ne veux plus leur adresser la parole, jamais. Au secours !

Ma mère, ma mère, ma mère, ma merde.

Ne me fais plus peur, mère. Ne m'effraie plus pour que je mange. L'histoire de la petite fille qui s'envole tant elle est maigre et ma bouche qui s'ouvre devant tes bouchées, apeurée, consentante, c'est fini. Tout plutôt que d'être emmenée par le vent vers les nuages où habite la sorcière. Je mange tout ce que tu voudras plutôt que de vous quitter.

Fais-moi peur pour que je mange.

Je te mange et tu te tais.

Je voudrais me recroqueviller, plier mon corps en deux pour oublier cette voix qui baragouine, qui prend tant de place mais je ne peux pas, à cause de mon volume. Je ne suis qu'un angle droit. Où sont les tierces personnes, Maman ? C'est quoi tierce ? Ce sont les autres, Léda. Alors moi je veux les autres personnes, celles qui, par le bruit de leurs paroles, couvrent les mots de ma petite voix.

Ici on veut mon bien. Ma bonne santé. On me garde enfermée parce que ma santé mentale est défaillante. Comme cela ça ira mieux.

Guérir tous les jours. Avec le docteur qui me fait parler. Avec les pilules distribuées par Mlle Ava. Pour que l'angoisse s'apaise.

Et mon étouffement ? Et les caresses. Les mots. Les bras ?

Restent Robert et Gédéon. Mes arbres. Mes amis bienveillants.

Gédéon qui me fait de l'ombre quand le soleil me brûle et Robert qui pleure à ma place ou bien le contraire.

Je me souviens des messes d'antan, du blanc immaculé des robes des sœurs priant sur leurs genoux rugueux. J'entends leurs chants à la Vierge Marie mettant au monde le Sauveur. Elle est en moi désormais. La Vierge et Jésus réunis dans mes entrailles. La mère et le fils. Le fils du docteur qu'on appellera Jésus. Marie, ma mère digérée. La Mère, le Fils et le Saint-Esprit. Je lève les yeux au plafond et le géant me tend les bras. J'embrasse sa barbe et il m'absout.

Et Théophile qui ne quitte plus le fond de mon lit. Assis à l'indienne il me parle au long des heures que je vois défiler sur ses jolis traits de félin. Une heure, deux heures, vingt heures.

J'ai peur du temps qui passe sur ses tempes. Je tremble de le voir se lever et demander des comptes. Son visage est bouffi et ses cicatrices suintent encore. Il me tend ses pieds sanguinolents. Il me les donne avec son sourire détaché. De tout. Collées à ses doigts, ses lèvres rouges me disent bonjour.

Partir. Il faudra fuir cet endroit où les êtres perdent la raison à force de tourner en rond d'aile en aile. Moi je suis sous l'aile numéro cinq. Mais Théophile ? Moi j'ai Jésus et Marie. Heureusement.

Mlle Ava vient tous les jours, sauf un. Off, le jour off. Off, off. Les jours in, elle surveille, distribue les médicaments et une fois par semaine lave les corps entreposés.

Les jours in, elle me prend sous le bras et m'entraîne dans les longs couloirs de l'aile numéro cinq, jusque dans la salle d'eau. Les portes me regardent passer comme une écervelée. Je sens les odeurs des maladies psychosomatiques qui traînent dans cet endroit de miséricorde, les fous puent. Ils insultent et crachent sur les murs. Mlle Ava fait comme si de rien n'était mais moi je fais pipi sur moi. J'aime bien.

Ils ne me font pas peur, ils ne me font pas peur, ils ne me font pas peur, ils ne me font pas peur, ils ne me font pas peur.

Je regarde Mlle Ava que rien n'atteint. Elle glisse sur le carrelage dégommé. Elle ne me lâche pas, sa pression est forte, j'ai mal au bras.

La douche est vieille et déprimée, comme Mlle Ava, ça se voit. Je ne veux plus me laver seule. Il ne faut plus que je bouge. Je dois faire attention à ma mère. Je ne veux pas bousculer ses chairs. Économiser les mouvements. Éviter les déplacements brusques, les postures qui plient l'estomac, demeure de ma mère.

Mlle Ava dit qu'elle comprend.

Elle lave mon corps intimidé.

Alors Mlle Ava refait les gestes de ma mère.

Mlle Ava dit que je mange trop parce que mon corps bouge difficilement. Je lui dis que c'est à cause du poids rajouté. Celui de la génitrice. Qu'avant le festin je ne pesais que 75 kilos. À présent il faut déduire des 130 les 50 qui incombent aux chairs maternelles ingurgitées. Je lui dis que je n'ai pas mangé les os, sinon j'aurais dépassé les 130. Que je ne savais pas comment les cuire.

Mlle Ava rit avec ses yeux et ses dents et dit, dans une cascade, d'arrêter de raconter des bêtises et que, si je continue à manger comme une folle, aucun garçon ne voudra de moi dehors. Si un jour je sors. Elle rit de ses bons mots et rajoute que c'est dommage, avec mon si joli minois. Mais moi d'abord, je ne veux pas sortir d'ici et encore moins avec un garçon. Ils volent les filles aux mamans. Après ils les transforment en maman à leur tour. Moi je ne veux pas remplacer la génitrice. Et puis, comment veut-elle que je mange autrement que comme une folle ? C'est elle qui l'est !

Mlle Ava ne répond pas, elle rit encore en lavant mon corps avec le gant de toilette. Elle porte ses gants de caoutchouc blancs, transparents. Elle mouille le corps avec le jet de la douche. Je suis debout devant le carrelage blanc. Nue. Je suis nue et Mlle Ava porte sa blouse blanche et ses sandales ouvertes. Son vernis s'écaille et je pleure. Parce que Maman avait toujours les doigts de pieds propres, ceux des mains aussi.

Elle arrose le corps en pensant à ses enfants, ceux qu'elle n'a pas, je le sais, je le sens et je crie. Maman pensait à moi, elle. C'était moi son enfant. Je ne suis pas à Ava.

Elle coupe l'eau et s'approche avec tous ses gants. Ceux de caoutchouc, qui la protègent de tout contact avec mon corps, enfoncés dans celui en éponge, pour frotter le corps condamné, enfermé.

Elle oublie son dégoût en rêvant au sable chaud de ses étés, à la peau douce de sa fille, toujours celle qu'elle n'a pas eue, et elle m'évite du regard. Elle frotte avec le savon qui pique parce que l'hôpital l'achète en quantité industrielle pour tous les malades et que sa qualité laisse à désirer. Mais comme personne ne nous désire.

Les mamans ne réclament pas les corps en errance dans les ailes de l'hôpital. Elles ne savent plus qu'en faire. Leurs bras sont devenus trop courts pour les serrer et la réciproque aléatoire : un baiser déposé sur leurs joues creuses ne leur sera pas toujours rendu. Alors tous ces enfants, habitants de ces corps en dérive, sont laissés là, à l'abandon, parce qu'*ils sont dangereux pour eux-mêmes ou pour la société*. Il n'y a plus de parents, il y a les dames en blanc. Et Mlle Ava.

Ava qui frotte sans y penser. Elle me sourit parfois pour que je croie en l'humanité. Parce qu'elle ne veut pas se décevoir, alors elle fait semblant, elle joue l'empathie qu'elle a apprise

dans les livres d'école. Elle se remémore ses cours, les théories. Elle était bonne élève alors elle chante, pour me soigner par la voix, me sortir de mon mutisme. Mais elle ne sait pas qu'elle se trompe, que je n'ai pas besoin de ses chansons, qu'elle devrait s'abstenir. Elle chante Mozart parce qu'elle a lu que c'était une thérapie en soi. Quand elle a frotté le corps, elle dépose sur le rebord de la douche le gant de toilette et ses mains de caoutchouc enveloppent mon corps dans une serviette consolatrice. Le plastique de ses mains ripe sur ma peau mouillée. Le bruit n'est pas affectueux. Il est sec et distant.
Il rappelle les fins d'après-midi
sous l'horloge.
Quand India-Léda attend
sa mère dans le hall d'entrée
de l'école numéro 9,
suspendue à la main
de la dame pressée
de rentrer chez elle
à cette heure tardive.
Le bras tendu
vers le ciel, vers cette main
d'adulte qui va lâcher
bientôt, ça elle le sait.
Le pied droit légèrement
décollé du sol, India-Léda
sourit encore. India-Léda
fait bonne figure.
19 heures.

L'horloge est plus grosse
que le corps de l'enfant
qui tremble sous sa capuche
parce qu'il fait déjà noir dehors
en ce mois de novembre
et que la dame, que l'enfant
appelle Mme Odette,
répète que Si ta maman
n'arrive pas dans les cinq minutes,
je t'amène au poste de police.
India-Léda ne veut pas
aller en prison. Elle veut
que l'horloge se fige
et que les aiguilles
retournent en arrière.
Elle retire sa main de celle
de l'autre, celle qui n'est
déjà plus là, celle qui est
déjà partie, cette Mme Odette,
qui pense à son rôti et aux devoirs
des enfants. India reprend
sa main et la glisse
dans sa poche où ses doigts
se mélangent aux fils décousus.
L'enfant rapetisse et rentre
dans sa capuche.
Elle prie les fées
et regarde l'horloge tomber.

India-Léda glisse
sur la grande aiguille
et écrase Odette
en lui tombant sur la tête.
Les talons impatients
de Mme Odette raclent
le carrelage du hall d'entrée
et la « chanson » des chaussures
ramène Léda-India
sous les douches de l'hôpital
où les mains d'Ava,
gantées de plastique,
font le même bruit hostile.
Elles habillent le corps
devenu énorme sous la danse
des aiguilles de l'horloge
qui n'a jamais rebroussé
chemin.
Les gants en plastique
de Mlle Ava
et les chaussures de Mme Odette
chantent la même chanson.
Un son creux. D'heure creuse.
Et je prends le pont
entre mes six ans et mes vingt-trois.
On m'emmène à la police
quand Maman ne vient pas.
Je l'ai mangée, Maman.

Elle ne pourra plus venir
me chercher. Alors
on m'emmène en prison
puis on m'enferme
dans cette maison transparente
où Mlle Ava
doit me laver et me surveiller
en chantant Mozart
pour me calmer. Pour
éviter mes crises.
Elle me donne aussi
des pilules roses que je mange,
que je suce comme
les réglisses, pour les crises.

Mlle Ava retire les gants une fois que mon corps est recouvert de tissu. Elle le prend par le bras, sous l'aisselle, et le ramène dans son espace initial. MA chambre. Mais avant il faut traverser les couloirs et les ailes. J'aime oui et j'aime non, ça dépend. Parce que, à cette heure-ci du jour, les corridors sont habités par diverses personnes.

Le monsieur qui a de grandes dents est marrant et la demoiselle qui rit comme un poisson je dis pas non. Il y a aussi des inconnus de passage, des névrosés momentanés, ceux-là habitent l'aile deux, c'est moins grave pour eux, ils sortiront un de ces jours, une fois la crise passée, d'autres sont condamnés à rester enfermés dans leurs têtes pour un laps de temps plus ou moins long et ceux qui, comme moi, ont commis des crimes, ceux-là resteront dans les ailes à tout jamais.

Il y a aussi des nouveaux visages dans l'aile quatre, des pas encore découverts, vierges de tout, pas encore dévisagés, pas encore irrémédiablement fous, je veux dire que ceux-là, après quelques jours ils crieront comme les autres parce que les yeux des fous percent tout sur leur passage, ça rend dingue quand ils vous regardent comme ça, les fous, les yeux fixes, bourrés de questions, et ils se croient plus malins que vous ou alors le contraire, on dirait qu'ils vont partir et tout ça fait peur, alors on marche les yeux baissés pour ne plus croiser ces maladroits.

Il y a ceux qui ne m'adressent pas la parole, qui m'ignorent avec leurs yeux fuyants et c'est très bien comme ça. Il y a ce grand garçon qui crache quand il me voit en criant *la dégoûtante* sur mon passage. Il a dit qu'il me tuerait. Et il y a l'autre, avec ses iris vert turquoise. Il porte un si drôle de nom qu'on ne le retient jamais. Lui non plus on ne le retient pas. Il n'a pas le temps. Ou c'est qu'il ne le prend pas. Il se loge violemment dans les yeux de ceux qui passent, il y reste un tout petit instant et s'en détache d'un mouvement sec en laissant traîner son regard sur le carrelage. Après, lorsqu'il n'est plus qu'un point derrière notre dos il crie : « NON ! »

Je voudrais qu'il me regarde plus longtemps, qu'il me devine, qu'il me parle avec ses lagons, qu'il ne crie plus. Je voudrais qu'il m'aime comme je l'aime. À cause de son nom. Oui, c'est ça, je l'aime surtout à cause de ce nom que je ne retiens pas. Un nom plein de tendresse, c'est tout ce qui en reste. Un nom qui parle de nature ou du temps, peut-être de choses drôles ou agréables. En plus il est en anglais. Pas lui, son nom. Non, lui il est flamand.

Sauf qu'il est triste.

Après lui plus personne ne traîne. Quartier de sécurité. C'est mon aile, personne dans les couloirs. Que des voix, des numéros de portes.

Mlle Ava me laisse derrière la mienne, la 318, et me dit À demain.

Elle veut m'obliger à aller à la selle. Elle veut me faire un lavement. Méchante ! Elle m'injecte de force un produit visqueux. Sorcière Ava ! Elle dit que sinon je vais m'intoxiquer. Tu mens ! Retenir Maman, ne pas la laisser sortir, la garder au chaud. Tu comprends pourquoi je dis Non Ava, je ne veux pas ! Toi tu réponds « mademoiselle, mademoiselle », Léda, pas « madame ». C'est ça qui t'intéresse hein ? Tu veux l'entendre ce « mademoiselle », le reste tu t'en fous ! Alors je questionne avec le « mademoiselle » de circonstance, peut-être que tu entendras mieux mes mots. Je dis : Dis, mademoiselle Ava, est-ce que je pourrais garder les restes de Maman dans une petite boîte près du lit pour serrer un être aimé quand la nuit tombe et avec elle le chagrin qui s'abat sur le corps élastique d'India-Léda ?

Tu ne veux pas ? Tu dis non, mademoiselle Ava ?

Alors si tu fais ça, si tu m'obliges, je remangerai ma mère à l'infini. Tous les jours j'irai la cueillir, tous les jours je recommencerai. Même si tu cries, même si le goût.

Pour oublier l'acidité et les grumeaux je verrai son visage aux joues roses et rondes, son nez aquilin et ses pommettes rebondies, pour oublier ce parfum odieux je me souviendrai de l'odeur de marguerites qui flottait autour de ses cheveux et j'entendrai sa voix dire : « Léda, je te mange, je te mange de baisers. »

Je n'en perdrai pas une miette, jamais, tous les jours, tu veux bien, mademoiselle Ava, hein, dis ?

Il passe ses mains dans les plis de mes cuisses en parlant de chair de bébé. Dedans, il trouve des restes de journées sous forme de poussière coagulée. Il gratte les noirceurs, il en fait une boule avec son pouce et son index et il la jette d'une pichenette. Mes journées se retrouvent alors sur le balatum gris de son cabinet. Il replonge les doigts dans mes bourrelets de graisse et malaxe tout en plongeant son museau dans les tissus rosis par ses mains. Il embrasse et grogne, il lèche et chantonne. Hum, hum, hum sur l'air de *Carmen*. Je ris aux éclats mais c'est crier que je voudrais faire. Je veux que le docteur m'aime alors je fais tout ce qu'il veut. Il soulève ma blouse et s'agrippe à mes seins. Il plonge la tête entre les deux et les secoue, les écrase contre sa face. Il tète, il enfonce ses doigts dans leur pulpe et il ronronne. Il ne dit pas Léda. Il ne dit pas mon nom. Il se vautre sur moi, dans moi comme si j'étais une couverture, un matelas. Croquer sa trogne comme il lèche mes chairs. Je me retiens.

Il pénètre mon sexe à grand renfort de coups de reins et ses mains qui me retiennent molestent mes poignées d'amour. Il dit que je suis trop grosse, qu'il n'arrive pas. Il ne trouve pas de place entre les graisses qui protègent mon sexe des visiteurs importuns. Il s'acharne et ses joues deviennent si rouges qu'elles me font penser à un fruit.

Le mordre pour de bon ?

Il sue, et ses grognements ne font plus du tout la même mélodie. Il jure et perd patience. C'est moi la patiente, c'est moi. J'attends en souriant qu'il finisse de sortir de ses gonds.

Il pétrit encore mon corps comme on pétrit une pâte, il mordille et se laisse aller sur mon décolleté. Il m'appelle madame Botero.

Léda, monsieur le Docteur, India-Léda.

Je le mords au visage. Pour de bon, je plante mes canines dans sa joue, juste sous l'œil et je sens gicler le jus sous ses chairs molles. J'arrache un morceau que je suce entre ma langue et mon palais, j'en extrais le suc. Il hurle et me rejette en frappant mon visage du revers de la main. Il veut ouvrir mes lèvres pour y reprendre son bout. Je ris et j'avale. Non, monsieur, c'est pour votre confort. Je souris avec les dents et il griffe ma bouche en criant, ses mains dansent dans les airs entre sa joue incomplète et ma bouche, ses mains qui, dans leur vol affolé, imposent à mes yeux une ronde psychédélique.

Ses yeux à lui, remplis de peur et de haine, posent des questions auxquelles je ne réponds pas. Jamais.

Je crois que j'ai raté. Que le docteur ne m'aimera plus. Tant pis, j'en ai pris un peu plus en moi, pour tenir compagnie à la génitrice.

Elle aussi elle disait : « Hum, je vais te dévorer. » Comme le docteur.

Je suis punie. Ils m'ont attachée sur le lit aux draps amidonnés et je chante dans ma tête toutes les chansons.

Je chante les mots que je connais, et ceux que je ne connais pas je les remplace par des nanana. Pendant que la stéréo dans ma tête fonctionne, je relis les livres aimés. Tous à la fois. Je passe le temps, me demandant qui viendra pousser la porte de ma chambre.

Qui ai-je tué encore ? Mon frère. Il le fallait.

Qui va venir voir l'enfant ?

La fée de Pinocchio pourrait entrouvrir la porte et m'embrasser sur la joue. Je dessine sa robe bleue sur le coton blanc des draps de mon lit. Du bout de l'ongle. Le reste de moi-même est greffé au lit, sanglé. Je suis le lit. Et il remue pour graver des fées sur le tissu moisi.

Je revois les voyages au pays de never-never land avec des parents s'embrassant à l'arrière de la nacelle et Théophile qui veut toujours être Peter Pan.

Moi je suis la fée Clochette et je suis l'amoureuse de Peter. Je vole et je fais régime parce que mes cuisses sont trop grosses.

Le pull de Maman est tout doux parce qu'il est en laine spéciale et je me motte dedans. Pas Théophile. Il fait « Indiana Jones ». Je n'y vais pas parce que j'ai peur. Comme maintenant, j'ai très peur de ce qui arrive. Qui va passer la tête par la porte ? Papa ne vient plus me voir. Il a dit au tribunal Je l'ai en horreur.

Il ne viendra plus jamais parce que je suis punie. J'ai fait des bêtises folles. Il ne viendra pas parce qu'il est mort et qu'il m'ignore. Existe-t-il après tout. J'attends un corps médical. Celui du docteur ou celui de Mlle Ava.

Je chante encore et je compte les fissures sur les murs de la chambre. Je me glisse à l'intérieur d'une d'entre elles. Pressée par les pans de mur symétriques, je fends le béton de toutes mes forces, tête en avant, pour me faufiler dans les entrailles de la paroi ; le trop-plein reste dans la chambre tandis que mon cœur glisse dans le mur. Dedans il y a d'autres personnes maigres ayant laissé leur surcharge pondérale dans leurs chambres. Nous sommes nombreux dans les fissures. Il y a des téléphones et tout le monde appelle ses parents.

Le gras qui dégouline le long du mur forme une flaque adipeuse sur le sol avant de devenir un ersatz de moi-même. Une petite boule de Léda-India, sans tête et sans membres.

À l'intérieur du mur je me sens bien parce qu'il fait frais et que mon corps ne me pèse plus. Je suis comme l'enfant qui courait vers la mer, rachitique et en manque de fer.

Je retourne aux racines et je bois le plâtre. Je m'enfonce dans le noir. Mes pensées restent derrière, il n'y a plus la place ici pour elles. L'espace est trop serré. Les chansons n'arrivent plus non plus jusqu'ici. Alors les souvenirs accourent et je me rappelle ces attentes centenaires ou cet amant qui me laisse pour compte. Alors je comptais les heures, des nuits durant, dans la pénombre de la chambre, fumant ses cigarettes oubliées sur le bureau. Les heures d'attente dans le hall de l'école, sous l'horloge. Attendre ceux qu'on aime, qui pourraient aimer. Attendre ces mots qui disent Je reviens, je vais dîner, je viens te chercher, je ne t'oublie pas. Je les ai attendus. Puis plus. Ni dans les chambres ni sous l'horloge, non, non, je suis partie, laissée pour compte moi-même. Je voudrais m'asseoir mais dans cet endroit étroit il fait trop noir et trop glacial pour s'abaisser. Mes pieds sont gelés et le froid mange mes os. Mon gras me manque mais il est loin derrière. Dans la chambre. Que fait-il sans moi ? Est-il moi ou une autre ?

Je voudrais qu'une main me frôle alors je pose mes lèvres sur le béton. Ma tête pressée entre les murs s'écrase et se transforme en tranche de tête de veau. J'embrasse tout de même le mur froid et humide. Il pleure et se liquéfie à mon contact. Il suinte et l'eau qui en coule est tiède comme les larmes d'une bête. Frotter mes joues sur le plâtre et me faire un peeling. Gommer les imperfections et compter sur le rouge des joues pour s'accorder avec le vert bouteille du mur. Me faufiler encore plus loin, aller plus profond. Le noir envahit mes pupilles alors je ferme les yeux et c'est mieux ainsi. Je vois du bout des doigts, en frôlant les limites du passage souterrain, et j'imagine le paysage adéquat. Les arbres improbables de la galerie de Waterloo, le sable distrait de Knokke-le-Zoute qui se faufile sous les ongles des pieds, l'eau marron des fleuves de

Bruges où glissent mes bateaux chargés de poulpes, les nuages étirés, si étalés que le ciel est blanc, plus de bleu, plus de nimbus, un ciel blanc de mois de novembre, un ciel qui colorie tout en gris. J'ouvre un œil, un seul, pour faire passer un rayon de lumière qui ferait illusion dans ce décor de fin de journée d'hiver où tout revêt une mélancolie à faire pleurer, je transforme le rayon en arc-en-ciel après avoir refermé les yeux. Oh non, pas cette voix familière qui m'appelle. Clin d'œil.

« Léda. »

Autoritaire. L'infirmière en charge des deux parties du corps me cherche. Elle veut cette moitié, celle enterrée dans les parois de la chambre, la maigre, l'enfant d'avant elle la veut pour la recoller à la graisse gisant sur le sol de la chambre, le complément du corps de l'enfant.

Et ce nom, erroné, amputé de sa moitié, répété :

« Léda. »

Ne pas vouloir faire marche arrière dans cet oblong tunnel.

Dire Non, mon nom c'est India-Léda !

Sous l'emprise de la peur que provoque la voix qui vient de là-bas, je regarde derrière moi et fais demi-tour.

Le filet de lumière blanche qui jaillit de la pièce où l'on m'a enfermée, s'immisce par la fente creusée dans le mur qui m'a engloutie et m'attire comme un aimant.

J'entends les battements de mon cœur et ceux de l'immeuble, tous deux mélangés. Je marche vers la voix mais j'y vais à reculons en frottant les parois visqueuses. J'ai froid. Est-ce le manque de vêtements ou bien l'absence de graisse qui se fait sentir ? Cette voix peut-être. Oui, c'est cette voix, celle de Mlle Ava qui me fait froid dans le dos. Elle crie mon nom, comme si je m'étais endormie profondément, elle éructe. Les veines de son cou se colorent, s'intensifient à chaque voyelle prononcée.

Les meubles, la chair et le visage fermé de Mlle Ava m'attendent. Elle, les bras croisés et le front plissé. Mais moi je m'en balance ! Ses yeux sont des couteaux qui déchirent la bonté. Moi aussi je veux la tuer. Elle regarde fixement, l'air de dire. Mais elle ne dit rien. Elle laisse les mots enfermés dans sa bouche de fumée. Si elle l'ouvre, toutes ses cigarettes s'échapperont en un nuage gris et les mots s'asphyxieront dedans. Elle ne le dit pas mais je sais qu'elle est furieuse. Comme chaque fois que je rentre dans le mur. Elle ne veut pas. Elle voudrait que je reste là, que je devienne neurasthénique. Elle préférerait sans doute que je compte les trous dans la chaux. Ou que je compte les mouches. Elle ne supporte pas que je me fasse du bien. Elle voudrait être le centre du monde. Je lui dis : « Mon centre du monde, mademoiselle Ava, je l'ai déjà mangé, ce n'est pas la peine de me regarder ainsi. » Elle lève les yeux au ciel et fait deux pas vers moi. Elle me tend une coupelle : « Vos médicaments, Léda. Comment allez-vous aujourd'hui ? » Je ne vais pas, mademoiselle Ava, je ne vais pas. Je suis ici.

Je plonge mon regard dans le sien et l'y laisse à l'infini. J'oublie son existence, la mienne, celle du mur. Je regarde et tends la main pour prendre ce qu'elle me donne. Je ne lâche pas ses pupilles. Je rentre dans son corps et je suis sa main. Je me vois à travers ses ongles si propres. Je regarde cette fille que je suis, amorphe, et qui me regarde, moi, Mlle Ava, de ses yeux hagards. Elle va me mordre que je me dis, le docteur a déjà failli perdre l'œil, elle est dangereuse avec sa tête toute rouge et sa tonne de graisse, avec ses yeux de poisson pané, elle va me faire du mal avec ses dents de souris, elle en est capable.

Je lis dans ses pensées parce que je suis elle mais elle quitte la pièce. Alors je redeviens India-Léda et je grogne en montrant mes canines, celles de chat. Elle sort.

Victorieuse elle revient accompagnée de ces infirmiers inutiles et peureux qui attachent les patients à leur lit. Mes yeux sont restés où ils étaient, dans les yeux bistre de Mlle Ava, et j'ai pitié, et mon esprit s'est bâillonné dans les interstices du mur, avec les chansons et Jane Eyre. Ils me prennent le corps. L'attachent. Ils m'immobilisent mais je m'en fous, ma tête ils ne peuvent pas. Ils essayent avec leurs pilules roses. Ils essayent de paralyser mes sens, mes pensées, mais ils n'y parviendront pas. Je leur dis en crachant des mollards sur leurs visages poupons. Je ne me débats pas, je crache et j'expulse l'air de mes poumons en faisant le chat. Pffff ! Miaou ! Je bave et je crie. Pour leurs beaux yeux. Pour justifier leur fonction. Ma présence ici. Il faut bien qu'ils s'amusent. Je les occupe. Et toi, mademoiselle Ava, tu es au spectacle et ta bouche se réjouit avec son rictus de contentement. Tu crois avoir échappé à ma morsure ? Tu te trompes, tu es déjà mordue !

Il est cinq heures. Je ne te mangerai pas. Ni rien d'ailleurs. Ils vont me laisser ainsi jusqu'à demain. J'aurais droit à mes électrochocs et ils se croiront hors de danger. Mais je m'en moque, j'ai déjà dîné pour l'éternité et je parle à la génitrice digérée.

Elle gargouille dans mes entrailles, elle crie famine.

Je caresse le bébé du docteur qui dort dans mon ventre.

Même s'il n'est pas d'accord il restera là. Il tiendra compagnie à la génitrice.

Le docteur n'en parle pas. Personne ne le fait d'ailleurs.

L'infirmière dénommée Mariana m'a fait une prise de sang à la demande du médecin généraliste qui trouvait mon ventre étrangement tendu. Ils parlent d'avortement. Ils disent cela devant moi. Ils ne reconnaissent plus mon existence. Je suis, pour eux, un corps en déplacement. Ils croient que si je ne parle pas, si je ne réponds pas à leurs questions, c'est que je suis idiote ou débile mentale, alors ils disent elle va avorter ; mais moi je suis contente messieurs-dames de donner un colocataire à ma mère. Je suis sûre qu'elle est ravie de cohabiter avec sa descendance. Elle ne s'ennuie plus. Elle regarde son petit-fils se former sous ses yeux. Elle lui caresse la joue comme elle faisait avec celle, rebondie, de l'enfant qu'elle a prénommée Léda.

Elle fait des plans pour son avenir.

Le docteur ne dit rien et les autres médecins disent que j'ai dû traîner avec un autre patient, peut-être M. Amini. Mais moi je dis non avec la tête. Je dis c'est le Dr Ilan, et eux, ils disent avec leurs yeux ironiques : « Mais bien sûr. » Ils disent aussi, avec ces mêmes yeux qui savent mieux que tout le monde, ils disent que je suis folle. Méchante. Que je veux sa peau. Non, monsieur, je ne veux pas sa peau, j'ai son enfant pour tenir compagnie à la génitrice qui s'ennuie dans mes entrailles. Un compagnon d'observation. De toute façon vous pouvez bien me l'enlever, je recommencerai. J'offrirai mes chairs au premier venu et je lui mangerai le sperme avec mes cuisses serrées autour de sa petite taille. J'offrirai ma chair et mes formes à tous les docteurs. Je respirerai leurs haleines désinfectées à l'alcool. Je sucerai leurs langues rouillées, aux papilles blanchies par la fumée de cigarette, rêches et dures comme leurs âmes. Je passerai ma langue sur leurs dents jaunies par les Gitanes d'entre deux gardes. Je caresserai leurs torses velus. Je mélangerai mes doigts à leurs poils invisibles sous les blouses blanches et je serai écœurée. Mais je prendrai leurs millions de petits bébés dans mon ventre pour faire un copain à Maman. Je crois qu'elle s'ennuie.

Je ne vais pas me laisser faire. Je pense à leurs mots et je les fais défiler. Dans l'ordre ou le désordre. Avec leurs têtes imprimées par-dessus.

« Avorter », avec celle de Mlle Ava qui fronce les sourcils.

« Comment est-ce arrivé ? » avec la tête du beau docteur incrédule.

« À quel mois sommes-nous ? », tête de l'infirmière.

Nous ? Mais taisez-vous, madame. C'est moi et seulement moi qui porte l'Enfant Jésus. Ne dites pas nous car le docteur n'en veut pas, ni vous d'ailleurs.

« Délire », tête de Mlle Ava irritée.

« Sûrement le patient de la chambre 152 », yeux du Dr Ilan en plein mensonge. Délire toi-même.

Vous voulez me l'enlever ? D'accord. Mais je veux l'anesthésie qui fait voyager. Celle qui m'emmène gratis dans une destination de rêve. Mon rêve. Alors oui. Jésus contre un peu d'air. Jésus contre une fugue.

Mais ma mère ? Vous allez la blesser ? Ah, elle n'est pas dans l'utérus ? Elle ne craint rien ? Dans l'appareil digestif ?

Alors j'acquiesce. Va pour l'élimination de l'Enfant Jésus si vous me laissez Marie. De toute manière je recommencerai. Le docteur ne peut freiner ses instincts. Le docteur ou un autre. Je volerai à nouveau.

Manger des rasoirs.
J'ai envie de le faire
tellement tu m'ennuies, Maman,
à te retourner
encore et encore
dans mon ventre.
Cesse de bouger.
Ici ils t'appellent « flatulences » au pluriel.
Ils ne savent pas que
c'est
toi
qui manques d'espace
et que j'avale des rasoirs pour te couper
en plus petits morceaux,
pour que tu puisses prendre tes aises,
mère.

Retour du bloc opératoire. J'ai fait mon petit voyage dans les mers du Sud. Mais je reviens bredouille. Je n'ai plus l'enfant.

C'est drôle, le docteur qui tue Jésus est le même qui met au monde. Étonnant, ces deux fonctions pour le même homme ? Moi je trouve ça drôle alors je ris avec du bruit.

Je le regarde à mon réveil avec nostalgie. Je regrette les espaces bleus visités durant cette accalmie. La mer offerte par le produit injecté qui met le conscient entre parenthèses et laisse le champ libre aux investigateurs. Tandis qu'ils molestaient mes chairs et me séparaient de Jésus, je nageais en eaux bleues.

Revenir dans cette chambre. MA chambre. Avec la génitrice ou ce qu'il en reste. La manger encore, quand le besoin s'en fait ressentir. Goûter à son odeur nauséabonde, devenue habitude.

Abandonner bientôt tout rituel de conservation des restes de la mère ingérée.

Rester allongée. Sans les liens de cuir. Avec la douleur au ventre qui me rend calme.

Le sourire de Mlle Ava me dit que tout est bien dans le meilleur des mondes. Qu'ils font tout ce qu'ils peuvent pour que je sois au mieux.

Je remercie les femmes en blanc, Mlle Ava et le docteur aux deux fonctions d'un regard reconnaissant, et je m'endors.

Le docteur me demande encore de lui raconter ce que j'ai fait de ma génitrice. Il dit Votre mère. Je lui dis qu'il m'intimide, que je ne veux pas lui raconter, que je veux bien pour Théophile, mais la génitrice c'est différent. Alors il m'offre ce petit cahier rose, enfin, il me donne à choisir entre celui-ci et d'autres aux couleurs chatoyantes et séductrices. Moi j'ai pris celui-ci, le rose, à cause des fleurs et j'ai pris l'encre turquoise, pour la mer et parce que ça me plaît. Il a dit qu'ils allaient modifier le mobilier de MA chambre afin que je m'y sente à l'aise pour écrire dans le cahier.

Ils ont installé une chaise jaune devant la petite table moche qui absorbe les larmes. Tout n'est pas blanc. Plus.

C'est comme une confession, a dit le docteur aux iris bleus. Comme quand vous étiez enfant, Léda. Il a dit que c'était comme dans la petite cabine, quand j'allais parler au prêtre, qu'il fallait que je l'envisage de la sorte. Il a dit ça avec sa voix douce, celle sans désir, celle sans fragrances métalliques, sans aspérités ; les mots ont glissé, comme s'il avait adressé la parole à une enfant, tout ronds, tout mouillés de salive. Il fait semblant.

Alors, dans mon cahier religieux.

Je raconte à Dieu ce que je fais, ce que moi j'ai mis au point par rapport au temps. Que y a pas que lui.

1

Mardi : Mère aux petits oignons.
Faire revenir l'ail et les oignons
dans un peu d'huile d'olive.
Attendre qu'ils jaunissent
et incorporez la cannelle, le curcuma
et le gingembre.
Faire revenir la viande,
la saisir, puis versez les yaourts
au « goût bulgare »
et laisser mijoter à feu doux
pendant une heure.
Accompagner de riz basmati
ou de pommes vapeur.

Je me suis délectée de ces chairs dures et tendres à la fois. « Dure et tendre à la fois. Je suis dure et tendre à la fois, India », disait-elle pour justifier ses colères contre moi.

Je me souviens, j'ai ri aux éclats, envahie par une joie incommensurable, et je l'ai entendue rire avec moi de ce festin si bon, si beau. Je sais qu'elle était fière. La table, les mets, les odeurs. Tout ça pour elle. Cette table si bien mise, les couverts bleus choisis, pour relever les couleurs de ce plat préparé avec amour. Se noyer dans l'harmonie de bleu et de marron, mélangés à la viande filandreuse et rouge-brun.

J'ai aimé caresser la nappe de coton blanche repassée dans l'après-midi pour cette occasion, avant de découper les membres de la mère morte.

En mangeant, un haut-le-cœur m'a fait plisser les yeux de dégoût au souvenir de la scie ripant sur les os, mais je suis vite revenue à la mastication, la dégustation, de ce plat de choix. J'ai retenu les larmes qui montent aux yeux quand la petite prière du soir revient chanter dans les méandres de la mémoire. Quand ta douce voix immortelle répète les mots religieux. Je les ai ravalées en souriant tendrement à cette évocation. Revoir ton visage penché sur tes mains jointes pour la bénédiction m'a consolée.

Manger tout le plat sans me faire prier en pensant à celui du lendemain. Lire le *Larousse de la cuisine* et choisir quelques recettes pour les parties molles – blanquette, bourguignon, fondue, mijotés exotiques au curry et lait de coco –, d'autres pour les parties osseuses (les pieds, les mains, la tête) – pieds de porc à la vinaigrette, pieds de cochon à la Sainte-Menehould.

Pieds de cochon à la Sainte-Menehould.

1. Couper chaque pied en deux. Faire fondre le beurre dans une casserole et écumer les pieds.

2. Casser les œufs dans une assiette creuse. Saler. Poivrer. Battre en omelette. Verser la chapelure dans une autre assiette.

3. Passer chaque pied dans l'œuf battu, puis dans la chapelure en appuyant bien pour que les morceaux soient enrobés d'une couche épaisse.

4. Ranger les pieds panés sur la tôle du four et badigeonner de beurre clarifié.

Faire griller doucement quinze à vingt minutes en les retournant et en les arrosant plusieurs fois.

Servir brûlant avec de la moutarde.

Boisson : beaujolais ou chinon.

Refermer le *Larousse de la cuisine* et se lamenter sur le choix trop vaste des recettes. Mille cinq cents. Toutes ces façons d'accommoder ma mère m'écœurent et me fâchent.

Petit cahier rose.
Pour Dieu.

J'ai tué ma mère dans la nuit
du dimanche au lundi.
La nuit du Seigneur.
J'ai attendu qu'elle se mette au lit
en priant pour trouver la force
de mettre en œuvre mon plan. J'ai parlé à Dieu
et il était d'accord.
J'ai déplacé la cuisinière à gaz jusque dans sa chambre
et l'ai asphyxiée en douceur, sans douleur.

Ce que j'ai fait :
Fermer les petites ouvertures
susceptibles de laisser passer de l'air.
Ne pas la réveiller.
Sinon.

Sinon la peur prendrait mes membres,
les paralyserait de honte
et anéantirait la réussite de la mission.
Alors.
Installer.
Allumer les becs, les quatre,
afin que le gaz s'échappe.
J'ai laissé faire,
sachant qu'avec ses somnifères
elle ne se réveillerait
pas avant le matin,
et qu'avec le gaz alors elle ne s'éveillerait plus.
Je suis allée m'allonger un peu
sur le canapé du salon
devant un programme de variétés.
Les invités étaient formidables.
Les danseuses perruquées dansaient
avec l'énergie du bonheur
sur toutes les chansons,
sur tous les chanteurs.
Les lumières et les maquillages
me consolaient du temps inégal
qui s'abat sur nos destinées.
Théophile avait eu cinq ans
de plus que moi
et ces chanteurs n'en tenaient pas
compte.
Zapper.

Retourner dans la chambre des parents
et constater qu'elle dort bien, éternelle.
Ma mère éternelle.
Aérer et tout bien ranger
dans sa chambre
avant de la porter
jusque dans la cuisine où je la découpe.
Couper le corps adoré toute la nuit.
Mettre les morceaux dans ses Tupperware
qu'elle aimait tant,
et les Tupperware dans le frigo
et le congélateur.
Remettre au lendemain
la préparation des plats pour le festin.
Faire sa prière du soir.
Nettoyer le sol et les ustensiles ;
tout bien propre, comme elle aimait.
Bien, bien, bien.
Javellisé et tout et tout.

Je l'ai cuisinée et dégustée
jusqu'à ce qu'on vienne me trouver
et que l'on m'emmène
au commissariat de police
pour m'interroger sur sa disparition.
Mon frère est alors revenu sur la table.
J'ai tout raconté.
Sauf pour ma mère.

J'ai pas dit qu'ils avaient désormais
devant eux
la mère, la fille
et le Saint-Esprit.

Toutes ces couches de peinture qui se superposent, uniformes, salies par le temps, l'air expulsé des bouches à l'agonie, le tabac recraché, la vieille salive, les gouttes microscopiques de nourriture, autant de particules invisibles, insidieuses, sur les murs blancs, jaunis par les effleurements de mains en goguette.

Le mur s'écaille et je vois le temps sous toutes ses couleurs ; le blanc couleur coquille d'œuf forme une petite dentelle autour d'un gris humide, griffé à certains endroits par mes prédécesseurs. Les pleins et déliés ressemblent aux falaises d'Étretat vues d'en haut. Le béton pointe son nez, entre le vert-de-gris et le vieux papier peint qui survit encore par endroits avec ses cloques de colle qui me rappellent la salive des salamandres.

Je décolle les boursouflures de la peinture qui part en fumée. Je l'écrase sous la pulpe de mes doigts, je l'anéantis en poussière et je la laisse tomber sur le sol en lino.

Le froissement des yeux qui m'épient à travers l'ouverture de la porte de ma cellule arrive jusqu'à moi. Petits bruits charmants. Ma porte prend soudain forme humaine avec ses billes rondes qui me scrutent sans émotion. Elle me regarde avec ses yeux hagards avant de perdre la vue. Les yeux s'échappent, volatils, ils quittent ma porte qui redevient simple porte. Les yeux sont maintenant des pas dans le couloir, je les entends distinctement. Ils s'arrêtent à nouveau un instant devant la porte suivante qui à son tour prend vie. Un autre que moi se sent alors exister.

Ces yeux dans l'interstice. Immobiles. Posés sur nous. Ce regard. Il dure peu mais il est vrai. Derrière la porte les surveillants, les médecins, des inconnus nous observent, le reste du temps ils nous côtoient sans nous voir. Je les aime. J'aime les yeux qui habitent la porte à intervalles réguliers.

Je ne veux pas rester ici. C'est sûr. Je ne peux pas ! Cette chambre. Ces couloirs. Ces femmes. Beurk ! Je dis. Et le docteur aussi.

Le jardin morcelé par les grillages des fenêtres est une mosaïque enchantée et empoisonnée. Les losanges posés côte à côte peignent des glycines qui tombent vers le gazon comme les bras du cousin Étienne, croisé il y a plusieurs étés, et qui avait grandi si vite que ses membres paraissaient appartenir à une girafe tandis que son corps refusait d'entrer dans un état nouveau. Étienne-le-chêne.

Mon chêne à moi est saucissonné, morcelé par les lignes en métal de la grille qui protège le monde de personnes comme moi.

Ce chêne ne convainc plus personne de son immortalité quasi certaine, il a l'air à la merci de n'importe quel gourmand désireux de décoller une parcelle, un carré, de ce tableau.

L'œil fixe le gris métal et s'habitue au paysage ainsi découpé comme une grille de mots croisés.

Ne plus mettre sa main dehors pour tâter la température et se faire une idée vestimentaire de la journée, ne plus se demander qui l'on va voir, quels sujets, quels sourires nous emmèneront jusqu'au sommeil que l'on prépare tout au long des jours qui ne servent à rien d'autre qu'à ça.

Retrouver alors en rêve, au coin d'un rayon de soleil, Théophile et ma mère, lorsque les lumières frôlent les cerveaux en bouillie. Je touche leurs corps et je m'envole dans les airs, poursuivie par une horde de gendarmes qui n'arrivent jamais à m'attraper. Je rencontre des êtres improbables et je touche des matières fécales sans odeur. Le jour sert à ça. À dormir encore.

Je revois les matins avec mécontentement, ces matins qui vous tirent du sommeil, qui alourdissent le corps. Non, non, dormir, encore dormir, maman, laisse-moi encore un quart d'heure. Mais tu vas être en retard à l'école.

Les murs déambulent d'une chambre à l'autre, ces portes s'ouvrent sur d'autres lieux habités par des fous qui ont perdu leur tête et font semblant d'en avoir une de remplacement avec leurs yeux et leurs bouches qui s'agitent. Ces dingues qui rient pour un oui pour un non, qui s'égosillent au moindre effleurement de papillon, ces déglingués qui parlent d'autres langues en appelant ça du chinois. Je regarde le corps médical dans son immaculée blancheur me prodiguer des soins, me surveiller d'un œil. Je vois les jours défiler à ma fenêtre en transformant le jardin qui s'éternise sous mes fenêtres.

Je n'ai d'autre projet que d'attendre la paire d'yeux qui viendra se coucher sur moi, me caresser à travers la lucarne de la porte. Sans prévenir. Je ne compte plus que sur eux pour amuser ces journées qui ne ressemblent qu'à un monotone ennui. Ces yeux qui changent, parfois bleus, parfois bruns, parfois rien. Et moi, mon maquillage, qui l'a pris ? Pour quoi faire ? J'attends l'heure du bain, celle des denrées alimentaires qui ne comblent rien, qui ne font qu'attiser la nostalgie des plats de la génitrice ou de ceux concoctés lors de cette si belle semaine de festin.

Et je me dis : Mais vous êtes fous, la police ? Vous m'avez interrompue. Après cette semaine à dévorer la génitrice, c'était mon tour. Qu'avez-vous fait ? Vous avez sauvé qui ? Moi ? Je vais vous le dire : Plus personne. Vous avez sauvé plus personne.

Je ferme les yeux et m'abandonne aux caresses. Les miennes. Mes propres mains. Propres.

La pulpe de mes doigts remonte le long de mes flancs, effleure mes seins, malaxe leur mollesse, et je soupire d'aise.

Tandis que les mains, ayant abandonné les seins, frôlent mon visage oublié, mes paupières rhabillent mes pupilles dilatées pour mieux me cacher. Si je ne vois pas ce qu'il y a autour de moi c'est qu'il n'y a rien. Maintenant disparue, je peux me laisser aller enfin. Mes doigts entreprennent une course lente jusqu'au sexe. Ils trouvent la place oubliée et glissent entre les lèvres. L'index en éclaireur. Le cou se tord et je mords l'épaule, comme un autre, comme un autre s'emparerait de moi. Je m'enlace du mieux que je peux. Sur le noir de mes paupières closes, je projette les amants passés et à venir. L'Américain et ses doigts boudinés fouillant ce sexe dodu en disant *fuck*, le Polonais qui caresse mon dos le long des heures et respire l'odeur des aisselles parce que, Chez les grosses, c'est différent, disait-il.

Je revisite les plis de mon ventre à la manière du professeur de piano qui y glissait les doigts après y avoir déposé une noisette de salive. Je secoue mes seins avec la nostalgie des chiens errants et m'accorde une pause en pensant à l'autre, Celui qui n'existe pas.

Jamais.

Surtout ne pas penser à Théophile et à ses gestes.

Illégitimes.

Se caresser la joue avec des mots d'enfant. Dire India-Léda. Attendre le docteur et ses yeux en priant qu'il veuille bien prendre ce corps en défrichage.

Je reviens au centre et m'attarde sur les zones érogènes pour envoyer en l'air ce corps si lourd.

Je maudis ces quatre murs. Heureusement, il y a ces paysages si curieux, ces images qui accompagnent mes extases. La campagne en mouvement, recouverte de mercure, sa rivière et ses arbres à fruits. La pagode en ombres chinoises et les tortues géantes. Deux par deux. Le mur de grains de sable, souples et volants, les précipices de métal, les fleurs « écloses-formule-un », la femme pastel sur son mur-dérouleur, se tenant à côté d'une chaise. Monochrome. Se rappeler l'hippocampe qui lèche l'entrejambe de ce corps flottant dans les eaux de la volupté, soudain léger, dynamisté par la langue de l'animal. Encore ces villes et ces déserts inconnus avec ses habitants accroupis quand vient la jouissance. Être encore ce clitoris géant, métallisé, et revoir les Peuls. Je fais le noir et les mains des amants invisibles remontent le long de mes jambes. C'est comme entrer dans un bain chaud et se retrouver dans une voiture au soleil. Je laisse l'eau envelopper mon corps telle une couverture de chair. Celle des amants invisibles, étalés, étirés, tout contre.

Je les fais entrer, les aspire et les laisse dévorer mon corps de leurs bouches avides. Amants affamés.

Sous leurs langues de chat, âpres, qui blessent la peau, je tangue et m'abandonne à ces chairs liquides.

Volupté des gestes ralentis par l'eau. Mes reins se cambrent pour faciliter l'accès à mon anatomie. Les tétons hors de l'eau, j'ordonne.

Ne pas perdre de vue les fantômes caressants. Tendre les seins vers leurs bouches de nouveau-nés.

Mlle Ava entre sans frapper. Pourquoi le ferait-elle ? Elle vient perturber cette chorégraphie. Je refuse qu'elle vienne troubler cette réunion entre amis de ma tête. Non, laissez ces vieux poupons manger mes tétés et caresser de leur peau-couverture mon corps allongé sous l'eau-chaude-voiture.

Allez, mademoiselle Ava, je vous en prie. Laissez-moi avec eux. Laissez-moi finir !

Je n'y arrive plus sous votre regard noir-bleu-maquillage, je m'enfonce dans les draps blancs amidonnés qui ramènent à la réalité.

Pute !

Je hais cette infirmière surveillante qui ne peut s'empêcher. Pute ! Vieille !

Mes proches me trahissent. Oui, proche mademoiselle Ava. Vous m'êtes désormais proche, ma proche, ma plus proche. Comme une parente, une intime. Mais là. Là, je la tue,

Mlle Ava et son corps, rigide. Ses yeux noirs qui jugent et cette voix, raidie par les sons blancs. Blanc comme son visage de madone qui reste debout, la main tendue, avec les comprimés qui calment. Blanches, ses joues creusées par l'illégalité. Blanc, le blanc de ses yeux décolorés par les neiges. Blanche, sa blouse posée sur son corps nu et décharné, son corps froid et blanchi par la chaux. Blanc, le bout de ses ongles manucurés par l'esthéticienne qui sent le propre et est bien peignée.

Des ongles parfaitement lissés et polis. Qui se posent sur les épaules pour consoler et admettre. Ces ongles léchés par la petite Fabienne du salon de beauté en ville.

Fabienne qui se fait la raie sur le côté parce que cela lui va mieux qu'au milieu. Fabienne, socio-esthéticienne, vient coiffer, masser, maquiller les détenues, pour la dignité. Fabienne qui ne se décide pas pour sa raie ni pour la mienne. Au milieu. À gauche. Inexistante. Fabienne, la sotte, finit par me tirer les cheveux en arrière afin de ne pas prendre de décision. Fabienne qui laisse mon visage dénudé, dévoilé par cette queue, de cheval de surcroît, et laisse mon visage à découvert.

Fabienne qui épile les sourcils afin « d'ouvrir l'œil ». Pourquoi l'ouvrir ? Ils sont mieux fermés, quand ils ne voient que ce que je veux. Des amants, une mère, des arbres, des rois, des châteaux hantés.

Ils me coupent l'appétit avec leurs histoires de dignité. Je ne veux plus manger. Rien d'autre que la génitrice digérée. Réingurgitée quotidiennement. Ou les amours. La merde et les amants invisibles. Ou alors le plâtre des murs et les puces du parquet. Les bibiches de saleté qui se forment entre mes bourrelets, le fromage blanc que sécrètent mes muqueuses. Manger ce que l'on ne me donne pas, ce qui est à moi, et laisser les plateaux-repas à l'abandon.

Et Mlle Ava avec ses cheveux gras qui entourent son visage de vieille vierge comme les pluies fatiguées du Kilimandjaro. Et sa raie au milieu, ne voulez-vous pas la lui mettre de travers qu'on rigole un peu ? Et pourquoi pas un chignon ? Et ses yeux, Fabienne, ne pouvez-vous pas les redessiner ? Et un sourire. Aux commissures, comme si la main du diable tirait à intervalles réguliers.

Mlle Ava et ses airs de femme souffrante.

Ou bien vous pourriez lui effacer la bouche. La taire. Qu'elle arrête de me raconter sa vie. Pour qui me prend-elle ? Avec ses yeux qui injectent la haine quand elle est fatiguée de faire ce sale boulot. Jusqu'à l'étouffement. Mlle Ava déteste sa prison. Elle aurait préféré un mari avec une maison, un jardin et des enfants. Alors Mlle Ava elle aurait lavé ses enfants, elle les aurait nourris, décrottés, gratis. Tout pareil qu'ici, mais oui, mais ce seraient ses enfants, pas ses malades. Oui, Mlle Ava aurait préféré prodiguer ses soins à la chair de sa chair, le sang de son sang. Comme ici, elle aurait javellisé sa maison blanche pour qu'elle soit bien propre-propre. Elle aurait un tablier. Pas blanc. À fleurs. C'est plus joli. Elle aurait aimé faire les mêmes gestes, l'amour en plus. Ici c'est professionnel. Dextérité et froideur. Politesse et désaffection.

Elle n'aime pas chez elle non plus. Il n'y a personne. Mlle Ava est un frigo vide. Je lui souris pour adoucir ces instants. Je soulève mes chairs pour lui faciliter la vie quand elle prodigue ses soins intimes, et ne reçois rien en échange qu'une douceur toute professionnelle. Faire tout bien comme elle dit, et rien. Rien. Que ces satanées pilules roses, distribuées avec un sourire de bonbon, ces plateaux-repas et ces soins déshumanisés donnés avec peu de considération parce que Mlle Ava n'aime pas sa vie.

Son appartement n'en est pas un, c'est un studio minuscule, parce que c'est pas avec ce qu'elle gagne. Qu'il n'y a personne dedans, pas d'amant, pas d'enfants, et qu'elle n'a pas le temps de voir grand monde dehors, « à l'extérieur » comme elle dit, parce que, quand elle rentre, elle veut la paix, déjà qu'elle a passé sa journée entourée de fous, c'est pas pour entendre les histoires des autres ! Et puis elle n'a rien à dire, rien à raconter. Parce que répéter les événements de la journée serait impossible. Il faudrait avoir autre chose.

C'est pour ça qu'elle n'aime rien, Mlle Ava, ni sa raie ni ses cheveux gras. Ni ses ongles de pieds tout écaillés. Elle n'aime que ses mains, qu'elle soigne chaque semaine. Tous les lundis ils sont neufs, ses ongles, je le vois bien. Moi j'aimerais bien qu'elle m'embrasse et qu'elle cesse de se donner des airs d'actrice de cinéma.

Je la vois parfois, quand elle se regarde dans le miroir et qu'elle boude comme Camille, qu'elle sourit comme Geneviève et qu'elle se remet une mèche à la Solange. Elle aurait préféré faire du cinéma, embrasser un acteur à Casablanca et qu'on s'occupe d'elle comme d'une enfant capricieuse. Elle aurait aimé demander sa loge peinte en rose, des camélias dans sa chambre, des frites à midi et de la salade le soir, sans quoi.

Déjà avec son nom.

Et le nom ? Celui de la génitrice, c'est quoi encore ? Ma mère ? Oublié déjà. Digéré avec elle. Quel était-il ? Ce son. Ce prénom ?

L'appeler par celui d'une autre. Bernadette.

Quelle heure est-il ? Se laisser flotter sur le temps et oublier sa panoplie. Faut-il dormir ?

J'écoute les bruits. Ceux du vent qui glisse sur les tuiles et ceux des pas feutrés, pantouflés, des infirmiers qui veillent et ne connaissent de nous que les numéros sur les portes en bois marron qui nous protègent de nous-mêmes. Les noms des maladies qui courent d'une salle à l'autre, rampant sur le carrelage vieilli des corridors malodorants de cet endroit qui sent le renfermé.

Entendre les portes grincer et les baignoires déteintes par les larmes des assassins ayant égorgé leurs familles « sans avoir la faculté de leurs moyens ». Les bruits s'affichent sur les murs en terre cuite. Cogner le corps bouffi contre les murs, comme mes prédécesseurs. Soldat inanimé. Il ne faut pas faire de bruit en tombant, juste se laisser glisser sur le sol, pour ne pas s'attirer d'ennuis. La camisole, non. Pas encore. Pas encore. Je n'ai rien fait de mal. Maman.

Pleurer. Parce que Mlle Ava a une morale. Ici on est sage, dit-elle.

Mlle Ava reste plantée. Elle attend que ses yeux assassins mettent fin à mon indépendance.

De quoi tu te mêles ? Et si j'ai envie, moi, de faire l'amour à mes amants fantômes ? Qu'est-ce que ça peut te faire ?

Et elle fixe, elle fixe. Jusqu'à ma honte. Jusqu'à ce que j'abandonne mon plaisir. Elle le prend. Le vole. Elle repart avec. Et moi ? Moi je m'écrase contre les murs et me laisse enfermer dans la camisole. L'objet qui me protège contre moi-même. L'habit protecteur.

Quel habit me protégeait de Théophile, encore ?

5

Je me colle au grillage et laisse mes chairs déborder. J'appuie de toutes mes forces pour garder les traces. Après, je reste devant le miroir jusqu'à leur disparition. J'ai un nouveau miroir. Plus grand que le précédent. Plus haut aussi. Et plus large. C'est un miroir médical, il paraît. C'est l'infirmier qui me l'a expliqué : « thérapeutique », « miroir de la reconstruction narcissique ».

Je me regarde et je revois la tête de Théophile dans son dernier soupir et je le trouve beau. Angélique.

Je lui dis quelques mots à propos de cet endroit, des infirmières, de Maman, et il rit.

Il rit de quoi ? De mes chairs découpées en losanges invisibles ?

Pour l'en dissuader, j'entrouvre
mes lèvres en un demi-cercle
et lui montre
mes incisives.

Il a confiance, il reconnaît nos jeux d'enfants.
Ses jeux.
Comme avant, ses doigts se posent
sur leur pointe
sauf que ce ne sont plus des dents
de petite fille mais un sécateur.
Je les ai aiguisées.
Métallisées.
Désormais elles sont affûtées,
prêtes à déchiqueter les chairs les plus réticentes,
à déchirer tout corps étranger
s'immisçant entre mes lèvres.
Je ne lui dis pas.
J'attends qu'il pose ses doigts dessus,
comme il le fait habituellement,
pour s'émoustiller,
Avec tes dents de chatte, comme il dit.

Son index s'y enfonce comme dans du beurre,
le voilà transpercé jusqu'à l'os.
Il crie, surpris,
sentant ses chairs adolescentes le quitter.
Tu as peur, hein, Théo ?
Peur devant ma docilité assassinée.
Allez ! Crie ! Crie comme moi !
Cannibale ?
Tu dis cannibale ?
Oui, je me délecte de ton incrédulité,

ta terreur je la bouffe.
Théophile, le chef, dévoré par ta petite sœur,
docile et à ta merci.
Jusqu'à aujourd'hui.
Je renverse la vapeur
et déchire définitivement tes chairs,
plus pour rire, pour en finir.
Toutes tes chairs !

Pendant l'acte d'anthropophagie,
retourner dans l'enfance : le prendre
par la main, ce frère adoré, et
traverser les champs espagnols du
mois d'août. Lâcher sa main et
courir.
« Lééééda, Léééé-daaaaaaa. »
« Tu-ne-m'at-trap'-ras-pas-tu-ne-
m'at-trap-'ras-pas. »
« Touché ! »
« Non, tu n'as pas le droit, je suis
perchée ! »
Revoir ses yeux noirs fixer les miens,
enragés par les manèges de ma
mauvaise foi.
Je descends du talus et l'embrasse
furtivement sur ses lèvres pincées par
la colère et lui dis : « Attrape-moi !
attrape-moi ! », en courant de plus belle,

pour lui échapper encore, avant
la folie, avant sa folie, celle qui…

Se laisser prendre, jetée à même la
terre et le tuer déjà. En pensée, pour
venger. Pour rire. Pour reprendre son
temps, celui qu'il a gagné en naissant
plus tôt que moi. Se laisser prendre.
Et rire encore. Rire, rire, et voir venir.
Puis tuer. Pas pour rire. Pour réparer.
Venger surtout cette volonté qu'il
tord, la mienne. Qu'il fait sienne
quand son corps pénètre.
Théophile, diable ! Tu me fais mal !
Arrête !! Tu verras quand je serai
grande, tu paieras ! Je te tuerai !
Son rire de gorge dégouline
sur mon visage, je le laisse
éclabousser mes yeux, ce rire sans
pitié,
qu'il dure et dure encore,
que le silence ne le remplace pas,
parce que, alors,
ça voudra dire que la langue
du prédateur force le passage
entre mes dents de lait.
Hum, hum. Théo ! Thé… hum !

Puis rien.

Ne rien dire. Partir en vol plané
Au-dessus des paysages enchantés de
l'Andalousie indifférente à nos
batailles d'enfants, nos meurtres.
Le silence remplace les rires tandis
qu'il fouille ma personne. Les
interstices, les creux. Il entre. Il force.
Et les oiseaux volent.
Il pèse de tout son poids et j'étouffe
sans ma bouche pour prendre l'air.
C'est sa langue qui prend toute la
place, qui remue.
Plus tard, tu verras, tu paieras.
Je te tue ! Tu n'es plus mon frère.
Fermer les yeux et écouter le vent
dans les branches. Chanter les lèvres
closes. Mélodie intérieure.
Presque pas partagée.
Se projeter en arrière dans les bras de
la mère. Protectrice. Ou vers l'avant
en tuant Théophile.
Mes larmes se mêlent à ta salive. Je
m'étonne que tu sois limace.
Je goûte le sel des chagrins
pornographiques infligés
par le frangin, celui qui partage
le sang. La bave, les larmes, le goût
acide du déjeuner qui revient.

Continuer de le dévorer, de venger.
Enfin j'ai grandi et aujourd'hui m'appartient.
Je mords.
Enfin je mords Théophile.
Avec les incisives,
je mords la langue assassine.
Jusqu'au sang.
Déchiquette les chairs molles
et gluantes de cet animal électrique
qui tourne dans ma bouche.
Mâche. Fais glisser les mâchoires
l'une contre l'autre, la chair au milieu.
Je scie. Jouis de la douleur imposée
au corps ennemi
qui remue maintenant de tout son long.
À ton bon souvenir !
Voilà ! Théophile, en souvenir
de ces moments passés !
Je mordille et suce. Suce et relâche la proie.
Mon rire vengeur se mêle à la complainte
douloureuse du pauvre Théo
qui frappe mon visage
en se tenant la bouche de l'autre main.
Salope !

Les yeux plantés dans les siens.
Sans pitié, je perce son regard

et griffe ses joues adolescentes.
Mes ongles de petite fille dans sa
chair s'enfoncent et atteignent l'os.
Mon visage valdingue vers la droite
sous l'élan d'une main venue frapper
à nouveau tandis que l'os du bas de
Théophile, plus fort que jamais,
déchire mon corps.
« Arrêêête, Théo ! J'ai peur ! »
Ne plus bouger un cil, immobilisée
par la force du grand frère, son poids.
Il enroule mes cheveux autour de sa
main comme on tient une laisse et me
regarde de trop près. Je sens
son haleine, je ne reconnais pas
son regard. Celui qui d'habitude
défend, me tient à sa merci.
Fermer les yeux encore
quand les bruits du frère deviennent
ceux de l'âne. Chercher à quoi
ressemble ce jeu.
Crier.
« Théophile – tu me fais mal – je
joue plus – j'ai peur – Théophile ! Le
loup – aïeheu ! – mais-arrête !! ma
tête – tu me tires les cheveux – tu es
trop lourd – qu'est-ce que tu fais –
arrête – je vais le dire à maman – je

te tuerais – ahhhh – mes jambes – mon cœur arrête – je t'aime plus – maman – maman – au secours.
Les aigus percent les tympans et les oiseaux s'envolent au loin. Ils me quittent, ils me laissent. Personne ne veut être au courant. Ils m'ignorent.
Maman ! Théophile me fait mal,
il me fait peur.
Je ne comprends pas.
Les corps à moitié nus se cambrent, s'enroulent, se rejettent et s'attirent.
Les sentiments s'entrechoquent. Le plaisir fait son apparition
dans cet enfer et je dois partir.
M'en aller, me quitter,
laisser la conscience éteinte.
La perdre.

Dans un lit chaud, sous le regard apaisant de la génitrice qui m'a abandonnée dans les plaines andalouses, je me réveille. Elle loue Théophile, sans qui j'étais perdue, sans qui.
Mes lèvres restent closes. Cousues de fils de haine. Mes yeux enfoncés sous les arcades tuent ce beau petit monde

qui donne le bon Dieu sans
confession à l'ange Théophile. Passer
les mains dans l'entrejambe
et sentir le corps déformé.
Camoufler dès lors les ecchymoses
avec la graisse. Laisser Léda
se protéger, cacher les chairs
coupables. Le gras pour cacher le
péché.

Les arbres glissent sur ma peau comme l'ombre des poteaux télégraphiques sur l'autoroute enneigée qui mène à Bruxelles.

Le ciel, si bas, m'écrase et je reste sur ce lit, les membres écartelés par les bandes blanches qui les retiennent au lit en fer forgé blanc.

Ils disent qu'il faut m'attacher, que je suis dangereuse.

Je mange les nuages comme autant de barbes à papa pour cette génitrice qui se languit dans mes entrailles.

L'haleine qui envahit ma chambre est d'une puanteur sans égale. Mlle Ava ne veut plus me voir manger ma mère. Je lui dis que c'est pour ne pas risquer de la perdre. Pas une miette.

Elle dit qu'il faut que cela cesse. Je suis bientôt d'accord. Je sais qu'elle est au paradis maintenant. Avec Théophile. Il faut que je les rejoigne.

Manger ma mère ne sert plus à rien.

Théophile est assis au bord du lit depuis trop longtemps maintenant. Il se décide enfin à parler.

« La neige a engourdi mes doigts de pieds. Il faudrait les couper.

« Tu es si jolie, Léda, avec tes grosses joues roses et ce rouge sur tes lèvres closes. Laisse-moi poser un baiser à l'intérieur, entre tes dents.

« Tu sucerais ma langue comme les cuberdons que tu suçais enfant, laissant exsangues leurs carapaces sucrées. Rouge, ta langue sortait alors de son étui, piquante et vorace, et tu me léchais les paupières, pour me consoler.

« Mort Théophile. Pleure Théophile », disais-tu. Tu me dévorais, tu me léchais, tels tes bonbons adorés.

Théophile ne quitte plus le bout de mon lit. Il attend. Une explication. J'ai déjà tout dit au docteur. Tout raconté. Demande-lui !

La mélopée des nonnes de Malte entre par mes yeux.

La lumière envahit ma chambre d'enfant. Marie me parle. Ses ordres viennent jusqu'à moi. Sa voix douce me donne le mode d'emploi des crimes.

Théophile qui ne quitte plus mon lit. Non ! Je ne veux pas. Tu ne peux pas revenir dans mes draps. Tu es mort !

Les fantômes défilent sur sa face. Ils ne me quittent plus.

Je hurle et ils me grondent mais je ne peux que m'égosiller devant ses paupières qui battent la mesure comme autant de secondes dans le flot de ses paroles. J'étouffe devant la cadence de ses pupilles qui se contractent et se dilatent à chaque ouverture des paupières, devant ses yeux pleins de reproches. Il tente de me noyer en m'asphyxiant de mots.

Ave Maria. Pleine de grâce, que ta volonté soit faite, que ce chien quitte mon lit et que cessent tes gargouillements. Pars avec la merde et laisse-moi.

Je souffle sur ce nuage qui hante mes nuits. Je veux le voir se décomposer, remplacé par la carmélite chantante. Alléluia !

Oh, fermer les yeux et entendre le chant qui apaise et rassemble mon corps disloqué. La carmélite repose pièce après pièce les morceaux épars et reconstruit ma géographie. Les membres et les chairs enfin retrouvés sous le charme de sa voix reconstituent un corps. Elle dit que je n'ai pas changé, que je suis toujours aussi jolie, et je la crois.

Je veux oublier les douleurs que provoquent les liens qui me marient à ce lit d'hôpital, me paralysent, et me contenter des voyages immobiles pour oublier ce corps en transit.

La carmélite caresse mes cheveux et fredonne avec allegrie des chants africains.

Carmela. Nue sur le lit, caresse Théophile.

Partez ! Partez ! Dégoûtants !!

Je ferme les yeux, et je change mes pensées. C'est comme ça qu'il faut faire quand ça ne va pas, c'est Mlle Ava qui l'a dit. Mais est-ce qu'elle les connaît ? Est-ce qu'elle s'imagine seulement ? Qui commande, hein ? C'était moi, non ? Alors arrêtez de faire ça sur mon lit.

Je dois fixer autre chose, laisser ma pensée défiler seule. La laisser orpheline, abandonner son fil. Non, je ne veux plus vous regarder, sales !

Alors je cours derrière les branches qui viennent se reposer sur le vasistas mais je n'échappe pas au prédateur. Le revoilà nu sur les feuilles d'eucalyptus. Il mange les hêtres qui peuplent le jardin de l'aile numéro cinq où je suis enfermée.

Je reviens au lit, désenchantée, tandis que les mélodies des religieuses reprennent de plus belle. Mon corps immobilisé est envahi de démangeaisons.

Frotte, frotte contre les draps. Rien n'y fait. La douleur cuisante attaque le cœur comme une brûlure. J'appelle Ava, Ava, au secours, je n'en peux plus, grattez-moi !

6

La mer je la bois. Les mouettes sont complices de Théophile et je hais ces oiseaux de malheur qui crient quand il touche mes seins.

Je ferme les yeux et il sourit. Ce n'est pas de l'abandon, ça c'est c'qu'il croit. Je fuis. Toujours plus loin. Je pars au bal, sous les flonflons. J'oublie les corps et je danse dans les bras des mécréants. Danser, enivrer les sens pour oublier ses mains, posées là, moites et odorantes. Valser, tanguer. Un, deux, trois, un deux, trois. Je vois le plafond du monde vaciller. Le bleu du ciel plonger dans celui de la mer. Et le sable au milieu. Il me brûle, me dévore. Il s'immisce.

Puis la pluie. Les gouttes qui tombent sur les cheveux. J'ouvre la bouche et je bois le ciel. Goût gris. Je préfère celui-là, pour oublier le goût blanc de Théophile.

Dans ma bouche le corps du Christ. C'est lui qui l'dit.

L'eau tombe sur ma tête, puis sur mes épaules, elle caresse comme les doigts de Maman sur la peau, procurant douceur et confort. Elle va et vient et ma peau frissonne.

Chair de poule.

Alors je me concentre sur les caresses de la pluie, pas celles du frère. Je suis la goutte, les yeux mi-clos. C'est ma seule issue. Le pôle Sud d'abord, l'extrémité la plus haute de ta petite personne, comme disait Maman. Sous les cheveux elle glisse, la goutte, rugueuse et fainéante, elle va le long du crâne vers le cou, puis la colonne. Glisse, glisse le long du dos et sur mes reins. Meurt dans ce sable buvard qui t'absorbe, te dévore.

Silence.

Pourquoi je m'enfonce pas, moi ? Pourquoi le sable ne m'engouffre pas tout entière dans sa matière chaude.

Les cheveux collés au visage, je regarde Théophile au travers de ce rideau roux. La chaleur colle tout.

Monter sur le dos des crabes et se noyer.

Et les autres qui rient, avec leurs petits maillots collés au corps. Ces choses en crochet immonde, faites par les mamies, distendues par le poids de l'eau. Idiots !

La Baule ou Knokke, l'Andalousie ou Taormina, Théophile toujours. Égal à lui-même. Tandis que je grossis, m'élargis. Je ne cours plus assez vite pour espérer lui échapper. Il m'a, à tous les coups.

Je cueille des coquillages pour les offrir à l'ami invisible qui veille sur mes chagrins. Un rose pour les sentiments.

7

Les sentiments ?
Oui, je crois que Théophile en avait pour moi.
Oui, monsieur le docteur.
Il m'aimait.
Me l'a dit.
Il disait que tout ça c'était de l'amour,
que je ne comprenais rien.
Que ce n'était pas sale.
Alors moi.

Alors moi je lui ai montré les miens,
de sentiments.
Sa langue je l'ai mangée
quand il m'a embrassée.
Mais mangée mangée. Pas pour de faux.
Pas comme avant.
Non, croquée, déchiquetée.
Je lui ai dit je t'aime, à ma façon,

et à ses cris je répondais, comme lui, avant :
Mais, je t'aime, Théo.
Prends-le du bon côté.
Non, monsieur le Docteur,
bien sûr que non, il n'est pas mort de ça,
c'est que je lui ai coupé son os.
Pour lui montrer mes sentiments,
vous voyez ce que je veux dire ?
Et là.
Là, les émotions sont grandioses.
Je ne sais pas si c'est ce qu'il ressentait
quand il faisait de moi ce qu'il voulait
mais moi, mais moi, je me sentais.

Dieue.

J'avais toute la force du monde
dans les mains.
Théo criait mais cela ne m'atteignait pas.
Je faisais comme lui,
comme quand je hurlais
et que je le suppliais de me laisser,
d'arrêter de me faire ça,
eh bien, quand je l'implorais,
il souriait, il jouissait ;
alors moi.
Alors moi.
C'est ce que j'ai fait.

J'ai mordu sa langue.
Avalée. J'ai léché le sang
qui s'écoulait de ses oreilles.
Ressenti comme un orgasme
quand la vie quittait son corps,
un spasme libérateur, une joie inouïe.
J'étais comme dans un rêve.
J'ai volé, monsieur le Docteur,
volé comme un oiseau au-dessus des mers.
J'étais libérée
quand il s'est arrêté de bouger sous mes doigts.
Quoi d'autre ?
Une force intérieure
a pris alors possession de moi.
Un instant de toute-puissance.
Si je me prends pour Dieue ?
Oui, monsieur le Docteur,
à ce moment très précis, je l'avoue,
une force étrange
faisait de moi un être surpuissant.
La force et la jouissance
apaisent alors vos pires angoisses,
celles qui prennent au ventre
et vous empêchent de respirer. Pfuit ! envolées.
L'air devient fluide
et le ciel s'ouvre alors
devant votre démesure.
Ne plus sentir son corps,

que cette force, cet apaisement moral,
ce flottement qui entraîne
les membres dans une danse folle et macabre.
Ne rien regretter.
Que de ne pouvoir recommencer.

Son corps ?
Dans la mer.
J'ai pris le petit bateau à coque bleu turquoise
qui traînait sur le port et me plaisait bien.
J'ai embarqué Théophile et ses morceaux,
puis je l'ai enterré dans l'eau ; très loin, très loin.
Après, je me suis perdue dans les eaux.
Pendant des heures j'ai dérivé. Calme.
Il n'y avait rien à perte de vue.
Que moi et la mer.
Moi et le ciel. Moi dans le bleu.

Puis la terre.
La terre est venue jusqu'à moi,
sans que je bouge, elle s'est approchée,
toute seule, au gré des heures,
apparaissant, disparaissant selon ses envies.
La terre qui se jouait de moi
et ne me manquait pas.
J'étais bien sans les autres, sans l'herbe,
sans les voitures et les êtres vagabonds.

La mer. Et moi, TOUTES SEULES.
Je suis restée des heures, des jours,
des nuits peut-être.
Des nuits jusqu'au bateau.
Celui des pêcheurs qui m'a ramenée à bon port.
Après ?
Les larmes de ma mère
qui croyait avoir perdu ses deux enfants,
les coups de fil aux gendarmes
et la police qui arrive.
Je leur ai dit que non, que je ne savais pas
où était Théophile.
Que non, il n'était pas avec moi
quand j'avais pris la barque.
Il avait donc disparu en même temps que moi
mais pas avec moi.
Coïncidence ?
Ils l'ont cherché partout.
Durant des jours et des jours.
Ma mère pleurait mon frère,
bénissait le ciel d'en avoir
au moins retrouvé un (de ses enfants),
et me serrait dans ses bras.
J'étais enfin seule dans cet espace.
En paix.
Ils n'ont jamais retrouvé Théophile.
Ma mère s'est enfermée
dans son chagrin

tout en me prodiguant tout son amour.
Fois deux.
Et puis ils ont dit que j'avais perdu la tête
pendant ces vacances.
Que j'étais devenue simple
avec la disparition de Théo.
C'est vrai que ça m'a simplifié la vie.

Quand ?
Il y a cinq ans.
Après, je vous l'ai déjà dit,
pour que tout soit juste, j'ai tué ma mère.
Égalité.

Alors maintenant, c'est moi qui dois partir
parce que sinon ils sont ensemble
au Paradis,
et moi, je suis de nouveau
en train de perdre du temps avec vous,
ici, par rapport à Théophile,
vous voyez ce que je veux dire ?

Le soleil est descendu de son piédestal. Il me brûle la peau en me suicidant encore. Je suis si bien à l'hôpital. J'attends les infirmières en dormant sur mes mains. J'attends qu'elles glissent leurs longs doigts entre les tuyaux qui me tiennent en vie. Plus pour longtemps. C'est pour ça que je suis bien. J'ai décidé de ne plus bouger, ne plus manger. Je dois partir. Les rejoindre au plus vite.

J'attends les visites qui peut-être me diront des choses gentilles et fausses.

Les os saillants de mes pommettes soulignent mes papillons qui battent de l'aile au fur et à mesure que mes lèvres articulent les mots de la chanson que me chantait la génitrice.

Les lèvres décharnées dansent en farandole tandis que le corps ne bascule plus sur ses jambes flamandes. Le corps est enfant à nouveau parce que les dames blanches le touchent comme une mère. Elles le lavent, le changent. Il ne bouge plus, trop faible, seuls les yeux remuent et les iris se collent au plafond. Je les ai coloriés en bleu mais ils ont tourné et sont redevenus marron. La génitrice avait les iris verts mais elle ne les a donnés qu'à Théophile. Je les ai repris avant de la manger.

Invoquer cette fée périssable. Celle qui meurt un jour sans laisser les plats congelés. Des plats qu'on mangerait après sa mort. Qu'on décongèlerait vingt ans après, pour le sentiment.

C'est décidé, j'arrête. Je quitte ces murs, ce lit, cette table et ce cahier, je quitte Mlle Ava, le Dr Ilan et ses iris bleus, ma blouse et mes sandales ouvertes. Je quitte MA chambre, de toute façon elle est moche. Je sais quoi faire et je le fais.

La nuit, quand tout le monde dort, quand les autres pleurent et geignent, quand leurs râles couvrent le bruit de mon corps qui explose contre les murs, s'ouvre sur l'émail. Je le fais.

Je frappe de toutes mes forces, j'écrase ma tête en prenant mon élan, je pulvérise mes traits sur la faïence, bousille mes dents sur le béton armé. Même pas mal. L'idée de les revoir bientôt me réjouit et je ris quand le sang coule, épais, presque noir sur le lino de MA chambre, ultime. Je regarde l'infini à travers le rideau de sang qui me voile les yeux. Tout est blanc et opaque à cause du sang qui dégouline et je me souviens des accidents de voiture, quand les yeux perdent contact, quand on crie qu'on ne veut pas perdre la vue, non, pas la vue ! L'ouïe est encore intacte et restitue les chocs avec une netteté non cinématographique. Les sons n'ont pas d'échos. Ils sont secs et tranchants, comme ce coin de table où s'enfonce mon crâne. Qui l'eût cru, toute cette force ? Mes dents se brisent et rejoignent le sol. Je ne m'attarde pas. Déjà les contours dansent autour de moi et les bruits s'éloignent peu à peu. Enfin. Ils m'arrivent broyés par un trois tonnes ralenti par le verglas. Tout est si lent à présent. Je ne sens plus mon corps et sa force incisive, je me sens lourde. Des pas résonnent au loin. Ils viennent de l'autre aile. Ils auront été avertis par les cris de mes voisins de palier. Les cons ! Ils sont vraiment trop idiots ! Ils prennent peur pour un oui pour un non, on ne peut pas leur faire confiance. Pauvres fous ! Ne comprenez-vous pas qu'il faut s'en aller d'ici. Que vous perdez votre temps ? Qu'il n'y aura aucune issue à cette histoire ? Pauvres malades !

Moi je me casse ! Et par mes propres moyens ! Salut la compagnie !

Continuer le travail avant l'arrivée des sauveurs, toujours les mêmes, hip ! hip ! hip ! Toujours cette équipe, qui s'échine à me sauver, me soigner.

Encore un coup, fatal si possible. Un sale coup sur la tempe gauche. Radical.

L'air sent le soufre, tout brûle, se consume, je ne sens plus rien à part cette odeur de roussi, enfin mes membres me quittent et rejoignent Robert et Gédéon dans la cour, plus de tuteurs, je suis un tronc évanoui, un reste d'India-Léda, un début aussi, ça y est, je suis sur le départ, les matières qui débordent de moi ne me disent rien, je ne sais plus si elles m'appartiennent, si cette chaleur qui jonche le sol est mienne, je l'ignore, le pouls se dilate, je me sens bien, les parfums sont cléments soudain et les couleurs bavent légèrement sur les contours, je suis si bien, les promesses éternelles m'accompagnent, je suis pleine d'espoir enfin, lui qui m'avait quitté, le revoilà, enfin, revoir ces êtres chéris, ces êtres tant aimés, les serrer dans mes bras, repartir de zéro, Maman, bientôt, Théophile, enfin, sans rancune, de zéro, pardonné, vierge et neuf, Théo et moi égalité, vingt-trois moins cinq dix-huit, plus cinq vingt-trois, égalité, nous voilà égaux, enfin, je tombe, je vole, je vous rejoins de suite, voilà, cette douceur, ivresse, mais quoi, qui êtes-vous, non, non, pas vous encore, vous qui m'empêchez de tourner en rond, vous femme de rien, Mlle Ava et ses acolytes, allez-vous-en ! Vous n'avez rien à faire ici, vous êtes trop tôt, allez ! non, non, ce n'est pas juste, non, pas ça, pas la piqûre, non, made…

J'ouvre les yeux sur les brumes d'une pièce nouvelle. Je sens mes chairs boursouflées, mon visage bouffi, mon corps endolori, et toujours cette odeur de brûlé qui pique mes narines. Qu'est-ce que je fais là ? Je veux tendre la main mais les liens de cuir de mon lit blanc m'immobilisent. Salauds, vous m'avez encore attachée ! Mais comment voulez-vous que je m'en sorte ?

Je crie à travers la porte, je crie si fort que ma voix, c'est obligé, leur parvient, même avec le couloir, même avec la distance. Mes cris résonnent dans leur petite pièce enfumée où leurs désirs s'entrechoquent, où l'oubli est obligatoire. Mes hurlements pour les empêcher d'oublier que je ne veux pas ! Que je suis sur le départ. Ma voix pour qu'ils le veuillent, comme moi, pour qu'ils comprennent que mon départ les soulagera de moi, de mes crises, de mes interruptions inopinées. Qu'enfin sans moi, leur salle de repos en sera vraiment une.

Je veux voir le Dr Ilan. Mais quoi ? Pourquoi tu dis non, pauvre docteur, tu ne vois pas que c'est pareil, que je suis sous assistance respiratoire, que ce n'est plus moi qui respire ? Qu'est-ce qu'il te faut ?

En position horizontale, je n'aperçois que le haut du paysage. Les feuilles des arbres et leurs chapeaux bleu et blanc me réconfortent.

Je cherche les mots pour penser aux événements et je cours derrière en vain. Je fouille, en fronçant les sourcils, ma boîte crânienne explosée à la recherche du mot pour décrire cette femme aimée, aimante, caressante. Pomme ? Serait-ce celui-là ? Je ne sais plus. La faute à ce liquide qui coule dans mes veines et qui hypnotise les pensées au bord des lèvres. Et cette femme qui commande aux hommes en bleu de prendre mon corps et de l'attacher, cette même femme distribue ces choses qui effacent les mots et, par conséquent, ma vie ?

Respirer plus vite pour voir. Plus fort. Je veux appeler, dire ce mot qui convient quand on a peur ou qu'on a mal. Ce nom. Quel est-il. Savon ? Bulle ? Non, et cette chose prévue ? Ce projet fou ? India. Le nom de l'autre ? Et celui du garçon que l'on rejoint ?

Ces fils qui recousent les traits, je voudrais les gratter mais je suis paralysée par leur volonté. Et la mienne, qu'en ont-ils fait ? S'ils croient m'empêcher d'aller jusqu'au bout, ils se trompent ! Ma tête, cette douleur ! Mes dents brisées coupent ma langue ou ce qu'il en reste, j'ai mal. Du produit, s'il vous plaît, cette chose qui endort. Rrrrrr ! Ma voix. Ah ! Madame, te voilà, vous allez faire quelque chose, hein ? Je lui dis. Les mots ne se forment pas. À cause du moignon dans ma bouche. Ah ! Joli docteur, tu vas lui dire à la dame de faire quelque chose. Mais vous parlez sans me regarder. Vous ne me reconnaissez pas ? India-Léda ? Oh ! Ooooh ! Ah, voilà, vos yeux sur moi.

Qu'est-ce qui a mis mon corps en dysfonctionnement ? Quelle crise destructrice ? De quoi tu parles, madame ? Parce que les mots s'effacent. Je te reconnais, ça y est.

Tu m'as cambriolée. Des mots, dépossédée. Les mots, absents. Effacés par tes médicaments. Les mots. Je les cherche, avide, je les sens se bousculer, là, sur le bout de la langue, muets et sourds. Invisibles. Mes mots. Les échanger, les marier. Mal. Ils s'accrochent aux portes, ils sont broyés par l'oubli que provoquent les pilules. Tes pilules. Comment tu t'appelles ? Mlle Ava ? Bonjour, mademoiselle, comment ça se fait que vous n'êtes pas « madame » ?

Oh, ma peau ! Quelle douleur ! Je crispe le visage pour faire l'état des lieux : mâchoire paralysée, yeux douloureux, joues gonflées, tête recousue de fils résorbables, fracture du crâne accompagnée de traumatisme crânien. Merci, mademoiselle, de bien vouloir accompagner de mots mes investigations sensorielles, trop aimable. Continue, mademoiselle Ava, donne-moi les mots oubliés, resitue-moi, je me suis perdue avec tes drogues.

Ça y est, ils arrivent. Les médecins et leurs diagnostics pour me définir. Enfin, je me retrouve dans leurs mots.

« Nous avons ici affaire à un cas pathologique très curieux.

« Cette patiente du nom de Léda Beautemps souffre de bouffées délirantes aiguës. Ce sujet héboïdophrène commet ses meurtres avec hyperrationalité et une distanciation du réel propre aux schizophrènes. Ses actes homicides ont été préparés avec soin et ont l'air rationnels mais le mobile quant à lui est délirant. Apparemment son état passionnel persiste sous forme de souffrance suicidaire, voire de crime contre elle-même malgré les traitements en cours, notamment la chimiothérapie d'entretien.

« Cette patiente, après avoir assassiné l'objet de son amour – sa mère – ainsi que son frère, faisant (à ses yeux) obstacle à ce dernier, traverse une crise délirante où le mobile de sa propre mort est de rejoindre cet objet d'amour précédemment assassiné par ses soins, j'ai nommé sa génitrice. Intelligente, elle agit avec discernement et semble rester maîtresse de ses actes. »

Taisez-vous, créatures de parc à thème, ne dites rien sur moi. Que savez-vous des raisons qui me poussent à faire ?

Partez avec vos langues déliées et vos cerveaux en bonne marche. Vos paroles fraîches, vos pensées fluides, je les mange, je les bois, je les suce. Animals !

« À la fois victime et bourreau, cette patiente… »

Je ne veux plus vous entendre ! Il me faut remplacer vos sons. Non, ne racontez pas devant moi s'il vous plaît, messieurs dames. Pas les mots. À travers la nébuleuse, je perçois ceux d'entre eux qui piquent. J'en remplace certains par d'autres, plus doux, pris au vol avant qu'ils ne retombent.

« Mutilée… couteau… *coton*… le vagin… *les baisers*… certain goût… le sang… *l'orange*… *les ballons*… *la bulle*… le rectum… recousue… les fils… l'opération, *soustraction*, utérus… vasectomie… lobotomie. »

Je ne veux plus entendre l'histoire. Changer la B.O. Retrouver le nom qui console. Maman. L'appeler : Maman ! Ce nom, celui de la femme aveugle, Maman, ma mère. Celle qui protège Théophile, Théophile qui croque le corps de Léda. India-Léda. India, qui chaque fois s'échappe. Chaque fois que Théophile.

Théophile, le voleur d'années. Celui qui profite de Maman, qui l'embrasse et se cache dans ses cheveux. Celui qui me la vole et aussi mon ventre à faire les enfants. Celui qui m'envoie à l'hôpital pour qu'on l'enlève, le couse, le répare, le ventre, à cause du couteau, qu'il ne fallait pas. Pas à l'intérieur du corps. Non, Théophile, on ne peut pas.

Non ! pas le couteau !

Elle dit : « État catatonique. » C'est vrai, je ne bouge plus, je laisse faire, je laisse parler le corps médical. Je m'en vais à petit feu. Sournoisement, je quitte ce monde de dingues et vais rejoindre Maman et Théophile, comme prévu, comme prévu avant que vous n'arriviez avec vos bonnes intentions.

Partir.

Enfin.

Mon corps ondule dans les airs, au-dessus du lit de MA chambre et des médecins qui débattent. Je vois la lumière des carmélites et je m'en approche. Le visage de la génitrice m'apparaît. Son rictus. Sa douleur quand le corps de Théo est arrivé sur le rivage. Tout mouillé. Tout mou. Déformé par les jours à infuser. Couleur thé. Revoir l'ouverture de sa bouche fendue, comme découpée au chalumeau. Pauvre Maman. Peut-être souriait-elle. Du côté gauche. De l'autre, un génie anxiolytique, genre d'autoprotection « prozacienne » naturelle, tirait pour rendre la grimace symétrique et la faire ressembler, tant bien que mal, à un sourire. Pour moi. Pour mes dix-huit ans. Pour dédramatiser.

Je me coule dans ce sourire agonisant et lui baisse les paupières, pour effacer l'image, et me laisse serrer par ses bras qui se veulent consolateurs. Les rôles sont échangés, parce que je ne pleure pas. Théophile, c'est moi qui l'ai mis dans cet état. Alors je prends le corps de ma mère dans mes bras enrobants. Maman est à moi. Cinq ans. Dix-huit plus cinq égale vingt-trois. Égalité.

Revoir Maman et Théophile bientôt m'apaise. Je laisse mon corps ici-bas et m'élève vers la lumière en questionnant le paysage, les êtres croisés sur le chemin. Je me demande : Théophile est-il un enfant de cinq ans ? Maman est-elle un nouveau-né ? Et moi ? Suis-je défigurée ? Comment les reconnaître ? Sont-ils arrivés dans l'état où je les ai quittés ? J'ai peur. Vingt-trois moins cinq dix-huit, égalité.

Si je suis toute seule, je reviens, monsieur le Docteur.

Cet ouvrage
a été transcodé
et achevé d'imprimer
sur Roto-Page
en janvier 2004
par l'Imprimerie Floch
à Mayenne.

D.L., janvier 2004.
Éditeur, n° 124680.
Imprimeur, n° 58849.
Imprimé en France.